乡村振兴视域下传统村落保护与设计研究

周东红 著

北京工业大学出版社

图书在版编目（CIP）数据

乡村振兴视域下传统村落保护与设计研究 / 周东红著 . —北京：北京工业大学出版社，2021.4
ISBN 978-7-5639-7932-5

Ⅰ.①乡… Ⅱ.①周… Ⅲ.①村落—保护—研究—中国②村落—景观设计—研究—中国 Ⅳ.① K928.5 ② TU986.2

中国版本图书馆 CIP 数据核字（2021）第 081825 号

乡村振兴视域下传统村落保护与设计研究
XIANGCUN ZHENXING SHIYU XIA CHUANTONG CUNLUO BAOHU YU SHEJI YANJIU

著　　者：	周东红
责任编辑：	李　艳
封面设计：	知更壹点
出版发行：	北京工业大学出版社
	（北京市朝阳区平乐园 100 号　邮编：100124）
	010-67391722（传真）　　bgdcbs@sina.com
经销单位：	全国各地新华书店
承印单位：	天津和萱印刷有限公司
开　　本：	710 毫米 ×1000 毫米　1/16
印　　张：	12
字　　数：	240 千字
版　　次：	2021 年 4 月第 1 版
印　　次：	2022 年 5 月第 1 次印刷
标准书号：	ISBN 978-7-5639-7932-5
定　　价：	60.00 元

版权所有　　翻印必究

（如发现印装质量问题，请寄本社发行部调换 010-67391106）

作者简介

周东红，男，汉族，浙江开化人，硕士研究生学历，中国美术学院设计艺术学院教师，专注于居住空间设计美学研究。已出版著作一部，主持和参与编写教材四本，主持和参与完成多项省、厅级课题，于国内外核心刊物上发表论文十余篇。

前言

习近平在十九大报告中正式提出"乡村振兴战略",这是新时代党中央高瞻远瞩的一次重要战略选择。21世纪以来,"三农"工作始终是我党工作的重中之重。从统筹城乡发展到城乡发展一体化再到城乡融合发展,从社会主义新农村建设到美丽乡村建设再到乡村振兴战略,从农业现代化到农村农业现代化,"三农"工作的实践始终在不断地深化。乡村振兴战略是我国对中国特色社会主义乡村发展道路的补充和完善,是我国在农村发展道路上的新举措,对我国以后的发展具有重大的意义。党和国家坚持贯彻实施这一战略,体现了我党和国家走中国特色社会主义乡村振兴道路的坚定立场。

本书共八章。第一章为乡村振兴战略概述,主要阐述了乡村振兴战略提出的历史背景、乡村振兴战略的基本内容及理论渊源、实施乡村振兴战略的重要意义、乡村振兴战略面临的挑战和重要关系、乡村振兴战略研究重点等内容;第二章为实施乡村振兴战略的创新举措,主要阐述了产业振兴、生态振兴、人才振兴、制度创新等内容;第三章为乡村振兴战略的实现路径,主要阐述了坚持创新发展理念、深化农村改革、建立城乡统一的要素市场、振兴乡村产业、建立健全城乡统一的公共服务体系等内容;第四章为加强美丽乡村建设,主要阐述了注重传统村落文化保护、开展美丽乡村建设工作、构建"三治融合"的乡村治理体系、开展村庄整治建设工作、建立乡村人才振兴保障机制等内容;第五章为国内外传统村落保护规划比较,主要阐述了国内外传统村落保护规划相关法律法规、国内外传统村落保护规划相关理论研究、国内外传统村落保护规划研究相关实践、国内外传统村落保护实践等内容;第六章为乡村振兴视域下传统村落保护发展状况,主要阐述了传统村落的概念界定、乡村振兴战略与传统村落保护发展的关系、乡村振兴视域下传统村落保护发展存在的问题、乡村振兴视域下传统村落保护发展的思考与建议等内容;第七章为对传统村落景观设计思想的再认识,主要阐述了传统村落景观的基本认识、传统村落景观设计思想多面观、传统村落景观的发展历程、传统村落景观设计思想对现代农村景观设计的影响等内容;第八章为乡村振兴视域下传统村落文化旅游发展研究,主要阐述了传统村落文化景观保护、传统村落文化旅游发展、传统村落文化旅游发展的问题与展望等内容。

　　为了确保本书内容的丰富性与多样性，笔者在写作过程中参考了大量的资料，在此向涉及的专家学者表示衷心的感谢。

　　由于笔者水平不足，本书难免存在一些疏漏之处，望广大读者朋友批评指正。

目　录

第一章　乡村振兴战略概述 ·· 1
第一节　乡村振兴战略提出的历史背景 ·· 1
第二节　乡村振兴战略的基本内容及理论渊源 ································ 4
第三节　实施乡村振兴战略的重要意义 ·· 10
第四节　乡村振兴战略面临的挑战和重要关系 ································ 14
第五节　乡村振兴战略研究重点 ·· 23

第二章　实施乡村振兴战略的创新举措 ······································ 25
第一节　产业振兴 ·· 25
第二节　生态振兴 ·· 31
第三节　人才振兴 ·· 37
第四节　制度创新 ·· 40

第三章　乡村振兴战略的实现路径 ·· 47
第一节　坚持创新发展理念 ·· 47
第二节　深化农村改革 ·· 54
第三节　建立城乡统一的要素市场 ··· 56
第四节　振兴乡村产业 ·· 62
第五节　建立健全城乡统一的公共服务体系 ································· 66

第四章　加强美丽乡村建设 ·· 71
第一节　注重传统村落文化保护 ·· 71
第二节　开展美丽乡村建设工作 ·· 75
第三节　构建"三治融合"的乡村治理体系 ·································· 82

第四节 开展村庄整治建设工作 ·· 86
第五节 建立乡村人才振兴保障机制 ··· 89

第五章 国内外传统村落保护规划比较 ··· 95
第一节 国内外传统村落保护规划相关法律法规 ······················· 95
第二节 国内外传统村落保护规划相关理论研究 ····················· 103
第三节 国内外传统村落保护规划研究相关实践 ····················· 107
第四节 国内外传统村落保护实践 ·· 111

第六章 乡村振兴视域下传统村落保护发展状况 ······················· 117
第一节 传统村落的概念界定 ·· 117
第二节 乡村振兴战略与传统村落保护发展的关系 ················ 123
第三节 乡村振兴视域下传统村落保护发展存在的问题 ········ 125
第四节 乡村振兴视域下传统村落保护发展的思考与建议 ···· 127

第七章 对传统村落景观设计思想的再认识 ······························· 133
第一节 传统村落景观的基本认识 ·· 133
第二节 传统村落景观设计思想多面观 ···································· 136
第三节 传统村落景观的发展历程 ·· 140
第四节 传统村落景观设计思想对现代农村景观设计的影响 ········ 147

第八章 乡村振兴视域下传统村落文化旅游发展研究 ·············· 159
第一节 传统村落文化景观保护 ·· 159
第二节 传统村落文化旅游发展 ·· 169
第三节 传统村落文化旅游发展的问题与展望 ······················· 177

参考文献 ··· 181

第一章 乡村振兴战略概述

习近平在党的十九大报告中指出:"中国特色社会主义进入了新时代,我国社会主要矛盾已经转化为人民日益增长的美好生活需要和不平衡不充分的发展之间的矛盾。"以习近平为核心的党中央基于对我国社会主义发展进入新的历史时期的判断,着力解决新时代我国社会主要矛盾,破解新时代"三农"工作遇到的瓶颈问题,推动我国由农业大国向农业强国的转变,加快补齐国家现代化建设中农业农村现代化这一短板,推动全面建成社会主义现代化强国,最终实现中华民族伟大复兴中国梦的伟大目标,在党的十九大报告中首次提出实施乡村振兴战略。这一战略是"五位一体"总体布局在乡村领域的具体展开,是推进乡村发展的一次理念创新和战略飞跃。

第一节 乡村振兴战略提出的历史背景

任何一个重要思想都不是凭空想象的产物,其中既包含了历史经验的继承和总结,也包含了对同时代不同实践的吸收和借鉴。乡村振兴战略思想的产生有着深刻的历史背景。

一、乡村振兴战略思想的提出与乡村衰退的国际背景息息相关

从全球范围来看,在城镇化和现代化进程中,乡村地区出现空心化的现象。从一般意义上来说,城镇化就是乡村人口逐步向城镇转移,同时城镇边界不断扩展和乡村边界不断缩小的过程,"农民的终结"在很大程度上将导致"村落的终结"。发达国家过去上百年抑或是近50年的发展历程生动地诠释了这一过程。在1960—2016年期间,经合组织、欧盟、北美地区等高收入国家和地区的农村人口占当地总人口比重均大幅下降。美国、英国、法国和德国等西方发达国家早在20世纪中叶就进入了城镇化高级阶段,但此后乡村人口持续向城镇转移的趋势并未改变,人口外流导致了乡村产业空心化、房屋空置、土地弃耕以及人口老龄化等问题,部分乡村发展的活力和动力日渐衰竭。在东亚地

区，日本在工业化和城市化过程中也出现了诸多问题，部分乡村发展的活力和动力日渐衰竭。2000年与1970年相比，日本过疏町村数占当年全国町村总数的比重从27%增加到45.8%，过疏町村面积占比从31%上升到51%。日本乡村"过疏化"所引发的问题除了人口减少和收入下降外，更具挑战性的是乡村社会活力的丧失，如人口老龄化、村庄公共性衰退等。广大发展中国家的情形更为复杂：一方面，城市发展不充分导致大量农民在城市聚集形成贫民窟；另一方面，人口外流造成乡村劳动力短缺、经济衰退和社会退化，人口过度流失导致乡村衰落呈现螺旋式加剧的趋势。

面对乡村衰退带来的挑战，发达国家（地区）纷纷采取措施积极应对。美国、欧盟等通过立法规划、完善基础设施，发展农村特色产业，促进农业提质增效以及加大农村教育投入等综合性的政策手段，形成符合自身特征的乡村发展道路，从而有效地遏制了乡村衰退。日本、韩国和中国台湾等针对乡村衰退问题，也先后实施了"造村运动""新村建设"和"农村再生计划"，推动乡村复兴。尤其是韩国的"新村建设"，经过改善基础设施、推进农业现代化、发展农产品加工业、实施新型工业化发展战略等几个阶段，彻底改变了乡村的产业结构、市场竞争力和地区吸引力，使乡村成为国家经济腾飞的坚强基础。相反，一些发展中国家对于乡村衰退问题，或者不够重视，如巴西、阿根廷等拉美国家；或者采取单一的农业发展政策，如埃及、莫桑比克等非洲国家；或者政策力度不够，如马来西亚、菲律宾等亚洲国家。其结果是乡村衰退愈演愈烈，最终把国家推入了发展"陷阱"。过去几十年的工业化和城镇化发展极大地改善了中国乡村的状况，但是，城乡差距扩大以及部分地区乡村衰败也是不争的事实。参照国际发展趋势和经验，中国应当从根本上解决乡村衰退问题，否则乡村将成为阻碍国家现代化进程的关键性因素。

二、乡村振兴战略思想是中国乡村建设百年探索的历史延续

在很长的历史时期，中国都是世界上最强大的经济体，但是到近代逐渐落后了。鸦片战争以后，振兴图强成为众多仁人志士的伟大抱负。不过，洋务运动和戊戌变法等自强运动将重点放到了引进科学技术、兴办军事工业以及发展商业等方面，而对日渐凋零的农村缺少关注。民国初期，新旧治理模式的转换使国家对地方的控制显著下降，这给乡村自治提供了一些难得的发展机遇。但是，军阀混战和社会动荡带来的是对农村更大的破坏，这导致乡村在农业、手

工业、商业与金融、教育、城乡关系以及伦理和社会秩序等方面全面崩溃。直到此时，拯救乡村才真正成为社会关注的热点。在一批有识之士的倡导和带领下，中国开始了实现乡村振兴的百年探索，并由此形成了四个特征鲜明的历史阶段。

20世纪20年代至40年代，是中国乡村振兴探索的第一个阶段。面对乡村衰败和时局动荡的境况，梁漱溟、晏阳初、黄炎培、卢作孚等一批知识分子率先行动，从不同角度提出了乡村建设的思想，并身体力行地开展乡村建设实验，形成了著名的"邹平模式""定县模式""无锡模式"等建设模式。这些乡村建设模式内容各异但目的一致，即通过教育、文化、道德、实业、合作等措施，实现乡村的振兴和重建，进而寻求国家救亡、民族复兴的道路。这场由知识分子主导的乡村建设运动大多偏重于文化教育，且缺乏下层民众的广泛支持，因而对于乡村振兴的效果并不明显。该时期，国民政府和中国共产党领导的革命根据地也通过向乡村输入科技、人才和资金等外部资源，实现改造乡村的目的。其中，国民政府推行的"农村复兴计划"是期望通过对旧体制的改良来实现乡村复兴，并阻止共产主义革命在乡村蔓延；而中国共产党领导的"乡村革命运动"则是要打破旧的统治和剥削体系，通过发动土地革命，实现"耕者有其田"，从而使农民获得真正的解放。由于其击中了中国农民问题的要害，满足了贫苦农民的根本需求，因而中国共产党在根据地开展的乡村改造与建设运动得到了农民最坚决的支持、拥护和参与。

1949年新中国的成立开启了中国乡村振兴探索的第二个阶段。为了支持重工业优先发展，政府建立了计划经济体制，并实行城乡分割政策。政府在农村推行以集体化与合作化为特征的社会主义改造，并最终建立起人民公社制度，让农业和农村承担起为工业和城市提供资本积累的角色。这种单方向的资源转移，使乡村建设的能力被严重削弱。但是，人民公社的集体动员能力也使乡村面貌发生了一定变化，农田水利建设的成就尤其令人瞩目，时至今日，中国的农业生产仍受益于此。

1978年以后，以实行家庭联产承包责任制为标志的农村改革，将中国乡村振兴探索带入第三个阶段。农村改革通过扩大农村自由发展空间，确立工农产品市场化交换机制，破除农村剩余劳动力城乡转移的障碍，增加农民的发展机会，激发农民发展乡村、建设乡村的热情，使乡村面貌得到显著改善。但是，随着城市建设的突飞猛进，这种依靠农民自我投入的方式越来越显得力不从心，使乡村与城市的差距持续扩大。

2005年以后，社会主义新农村建设推动中国乡村振兴探索迈入第四个阶段。

进入 21 世纪以来，中国经济持续高速增长，国家综合实力迈上新台阶，"以工补农、以城带乡"的基础不断夯实。为了改变农村发展落后的面貌，国家再次高强度介入"三农"领域。2005 年，党的十六届五中全会启动了内容为"生产发展、生活宽裕、乡村文明、村容整洁、管理民主"的社会主义新农村建设，国家投入大量财政资金，并出台一系列支持政策，使乡村的基础设施、人居环境、生产条件和公共服务等均明显改善。党的十八大以后，国家统筹城乡发展的力度再次加大，建设美丽乡村成为新的奋斗目标。建设美丽乡村在社会主义新农村建设"20 字方针"的基础上，引入了人与自然和谐的理念，丰富了乡村建设中"美"的内容。

纵观百年探索历程可以看出，乡村振兴是国家意志、社会历史发展阶段以及政府合理政策相结合的产物，三者缺一不可。乡村振兴战略思想体现着人们对历史的继承，也是对历史上乡村振兴思想在新阶段的延伸，但同时具有明显的历史跨越性。

第二节　乡村振兴战略的基本内容及理论渊源

一、基本内容

乡村振兴战略思想自成体系，对乡村振兴的发展目标、总要求和重点任务进行了全面阐述，深刻地回答了"为谁振兴、谁来振兴、如何振兴"等理论和实践问题。

（一）发展目标

乡村振兴战略思想明确指出乡村振兴的发展目标是实现农业农村现代化。农业农村"强富美"具有更全面和更深远的意义，对农业农村方方面面的发展提出了"现代化"要求。乡村振兴战略思想从战略性和务实性出发给发展目标拟定了时间表。"到 2020 年，乡村振兴取得重要进展，制度框架和政策体系基本形成……到 2035 年，乡村振兴取得决定性进展，农业农村现代化基本实现……到 2050 年，乡村全面振兴，农业强、农村美、农民富全面实现。""三步走"时间表可以反映以下几方面的内容：第一，农业农村现代化的建设与国家现代化建设完全同步；第二，乡村振兴"不能刮风搞运动"，而是要下定决心干的事业，更是给各级领导干部套上了"紧箍咒"；第三，乡村振兴事业具有复杂性和长期性，要稳步推进，不能急于求成。

（二）总要求

党的十九大报告对乡村振兴战略的总要求是"产业兴旺、生态宜居、乡风文明、治理有效、生活富裕"。这"20字方针"的内容涉及农业农村现代化的所有方面，而且有机联系、不可分割；既是要求，也是方向。对比乡村振兴战略与社会主义新农村建设的总要求，可以发现两者有以下几点不同。一是文字内容有所调整。"产业兴旺"相比"生产发展"要求更高，明确产业是乡村振兴的基本动力；"生态宜居"相比"村容整洁"更加突出生态引领，强调人与自然和谐共生，体现了农民群众的追求向"美好生活"转变，体现了农村也要像城市一样更具吸引力和宜居性的发展目标；"治理有效"相比"管理民主"更好地体现了"坚持以人民为中心"和"人民当家作主"的基本方略。二是文字顺序有所调整。原来居第二位的"生活宽裕"调整为"生活富裕"后，放到了最后，表明乡村振兴战略将最终目标锁定在老百姓生活富裕上。显然，乡村振兴战略的要求更立体、更高，各要求间的逻辑关系更科学。

产业兴旺是乡村振兴的核心、基础和底线。一切社会经济发展，一切现代化建设，都以物质基础为基本前提，即以产业发展为基础。农业农村现代化也以现代化的产业体系为根本。"产业兴旺"相比"生产发展"来讲，更具有范围宽、融合强、标准高的意义。第一，即使对传统的农业来讲，"产业兴旺"也比"生产发展"的要求高，其不但要生产，更要形成产业，而且要兴旺发达，这才是新时代农业现代化的发展要求。第二，对农村现代化来讲，"产业兴旺"意味着首先要在产业形态业态上有所创新，这比给定产业条件下如何使其兴旺发达的难度更大，这要求吃透中央的"五位一体"总体布局和新发展理念，树立并践行"绿水青山就是金山银山"的发展理念，如此才能独具慧眼地将农村的各种要素资源禀赋转变成产业优势。第三，由于乡村振兴战略将农业农村现代化合二为一进行表述，所以"产业兴旺"也意味着现代农业与农村产业要融合发展，要向产业链延伸。

生态宜居是对乡村振兴最具创新性的要求。"生态宜居"从两个层面对农村居住环境提出了要求：一是宜居；二是生态宜居。新农村建设的"村容整洁"或许能达到宜居的目标，而生态宜居则要求农村的美不再只是"整洁美"，更是具有深刻含义的"生态美"。十八大以来，党中央高度重视生态文明建设，并将其纳入早先的"四位一体"，形成了"五位一体"的总体布局，而且要求"把生态文明建设放在突出的战略位置，融入经济建设、政治建设、文化建设、社会建设各方面和全过程"。基于此，乡村振兴战略根据"生态宜居"的目标，对农村地区人与自然的关系提出了新的要求，不但要使生活在当地的人感觉舒适，而且要能够"看得见山，望得见水，留得住乡愁"，让自然、建筑和人都处于"舒适"的状态，从而实现人与自然的和谐共生。需要强调的是，"生态宜居"所提出来的高要求即使在城市里也尚需一些时日方能基本达到，因此，乡村的生态宜居是面向全国居民而言的。

乡风文明是乡村振兴的保障。党中央历来高度重视精神文明建设，强调物质文明和精神文明"两手抓，两手都要硬"。乡风文明是上述理念和精神在乡村振兴中的具体运用。乡风文明要求"必须坚持物质文明和精神文明一起抓，提升农民精神风貌，培育文明乡风、良好家风、淳朴民风，不断提高乡村社会文明程度"。乡风文明建设在本质上属于人力资本建设，其不但可以让生活在乡村的人们和谐共处，而且可以降低经济活动的交易成本，提高经济效率，进而对产业发展和农民增收产生积极作用。

治理有效是乡村振兴的人文基础。"治理有效"要求"必须把夯实基层基础作为固本之策，建立健全党委领导、政府负责、社会协同、公众参与、法治保障的现代乡村社会治理体制，坚持自治、法治、德治相结合，确保乡村社会充满活力、和谐有序"。从新农村建设的"管理民主"过渡到乡村振兴的"治理有效"，表明党的农村工作思路发生了重大变化。"管理"强调的是村庄外在力量，如乡镇等各级政府对村庄的管理，尽管这种管理要具有民主性；而"治理"强调村民及其相应组织的主体性。从管理者与被管理者间信息不对称的方面来讲，村民之间更加了解，治理就更有优势，这与党中央加快推进乡村治理体系和治理能力现代化的要求高度一致。另外，"治理有效"比"管理民主"更注重结果导向，强调治理行为的合理性和有效性，要求的标准更高、效果更好。因此，"治理有效"不但要求治理方式更科学，而且要求治理结果更有效。

生活富裕是乡村振兴的根本。"生活富裕"直接回答了乡村振兴"为谁振兴"的问题，振兴的根本目的是让村民生活富裕。这是"坚持人民当家作主"和"坚持在发展中保障和改善民生"基本方略在乡村振兴中的具体运用。与新农村建设的"生活宽裕"相比，"生活富裕"提出了更高的要求，"宽裕"仅仅类似于温饱层级的要求，而"宽裕"意味着全体农民不但要脱贫而且要具有较好的消费能力，能够生活得更加美好。"生活富裕"就是让广大农民在有更多获得感的同时，能实现共同富裕的目标。

（三）重点任务

乡村振兴战略思想对"如何振兴"进行了系统的论述。2017年中央农村工作会议阐述了实现中国特色社会主义乡村振兴的"七条道路"："一是必须重塑城乡关系，走城乡融合发展之路；二是必须巩固和完善农村经营制度，走共同富裕之路；三是必须深化农业供给侧结构性改革，走质量兴农之路；四是必须坚持人与自然和谐共生，走乡村绿色发展之路；五是必须传承发展提升农耕文明，走乡村文化兴盛之路；六是必须创新乡村治理体系，走乡村善治之路；七是必须打好精准脱贫攻坚战，走中国特色减贫之路。"2018年3月8日，习近平在参加十三届全国人大一次会议山东代表团审议时提出了"五个振兴"的要求，强调实施乡村振兴战略要统筹谋划、科学推进，实现乡村产业、人才、文化、生态、组织的振兴。从"七条道路"到"五个振兴"，乡村振兴战略思想与时俱进，不断得到丰富和完善。从总体来看，乡村振兴战略思想的重点任务是在农业和农村两个层面建立现代的产业体系、生产体系和经营体系。

1. 构建农业农村现代产业体系

生产力决定生产关系。构建现代产业体系是乡村振兴战略的核心任务，其他目标的实现要以其为前提和基础。乡村振兴战略思想要求，产业发展要坚持人与自然和谐共生、走乡村绿色发展之路的基本原则。在农业现代化层面，主要实施质量兴农和绿色兴农战略，走高效化和生态化之路，形成现代农业的产业体系。在农村现代化层面，则要以绿色发展引领生态振兴，增加农村生态产品和服务供给，将乡村的"绿水青山"转化成"金山银山"，并与农业融合发展，构建立体式的农业农村现代产业体系，最终实现乡村的"产业兴旺"。

2. 构建农业农村现代生产体系

生产体系是产业体系的发展平台，生产体系的现代化程度决定了产业体系的现代化水平。构建现代生产体系在支撑农业现代化层面主要表现为"严守耕地红线，全面落实永久基本农田特殊保护制度，稳步提升耕地质量，加强农田水利建设，深化农业科技成果转化和推广应用改革，提升农业自主创新能力，推进农机装备产业转型升级"，为现代农业发展奠定坚实的物质基础。构建现代生产体系建设在支撑农村现代化层面则表现为，继续推动城乡基础设施互联互通，为城乡要素自由流动提供物质条件；持续改善农村人居环境，让乡村宜居、乡村美变成生产力；加快建立城乡一体的基本公共服务体系，塑造美丽乡村新风貌，吸引各类要素留在乡村。

3. 构建农业农村现代经营体系

乡村振兴战略思想系统地回答了"为谁振兴"的问题，即构建怎样的现代经营体系问题。乡村振兴战略思想要求乡村振兴坚持农民主体地位。乡村振兴的主体不是城市居民和城市资本，而是通过建立健全城乡融合发展的体制机制激励各种要素到乡村这片大有作为的广阔天地上大展雄才，特别是为农民在乡村振兴中发挥主体作用创造条件。因此，要"促进小农户和现代农业发展有机衔接，大力培育新型职业农民，培育新型农业经营主体"，加强农村专业人才队伍建设，高度重视高端农业科技人才的引进和培养，并充分发挥他们的积极性和创新性，同时鼓励社会各界投身乡村建设。通过人才振兴、文化振兴、组织振兴为乡村振兴提供发展动力，最终让农民成为农村生产生活的主人翁，成为乡村振兴的践行主体。

二、理论渊源

乡村振兴战略思想有着深厚的理论基础，一方面充分吸收了马克思主义关于农村发展和城乡融合的经典论述，另一方面继承了历代中国共产党人的农村发展思想，并在此基础上融会贯通，形成了逻辑严谨的理论体系。

（一）乡村振兴战略思想充分吸收了马克思主义关于农村发展和城乡融合发展的思想

马克思主义关于农村发展和城乡融合发展的思想，是乡村振兴战略思想重要的理论来源。第一，农业具有基础性地位。马克思和恩格斯认为"农业劳动是其他一切劳动得以独立存在的自然基础和前提"，超过劳动者个人需要的农业劳动生产率，是全部社会的基础。虽然农业生产效率大幅度提高，农业的经济地位明显下降，但这并不意味着农业失去了基础性地位，相反，随着工业规模日益扩大，城市人口越来越多，农业部门对经济发展的产品贡献将再次凸显出来。第二，农业发展推动了城乡分离。马克思、恩格斯提出，农业劳动生产率制约着农业和工业之间社会分工的发展程度，决定着农业人口向城市和非农产业转移的速度和规模。第三，城乡分离是历史的必然，是人类历史上最大的一次社会分工。从马克思主义生产力和生产关系相互作用的唯物史观出发，在生产力低下的人类社会早期，是不存在城与乡的分别的。只有当生产力达到一定的水平，社会上的一部分人用在农业上的全部劳动——必要劳动和剩余劳动——必须足以为整个社会，从而也为非农业工人生产必要的食物，也就是使从事农业的人和从事工业的人有实行这种大的分工的可能，并且也使生产食物的农民和生产原料的农民有实行分工的可能,这时候城与乡的分离也就理所当然了,而且物质劳动和精神劳动的最大一次分工,就是城市和乡村的分离。第四,城乡的尖锐对立造成了乡村衰退。马克思和恩格斯认为城乡分离是生产力有所发展但又发展不足的结果,因此存在着诸多消极影响。特别是对于农村来讲,城市及其工商业部门的巨大汲取力,从农村中吸走了最强壮、最有知识和能力的农业劳动力,进而使农村日益荒凉。第五,人类社会必然由城乡分离走向城乡融合。马克思和恩格斯基于生产力与生产关系相互促进的辩证关系,提出城乡融合的两个前提条件是生产力高度发展和消灭私有制。

(二)乡村振兴战略思想继承了历代中国共产党人的农村发展思想

在每一个历史阶段,中国共产党人都有特定的历史诉求和应完成的历史使命,但是,农村工作贯穿于中国共产党领导的革命和建设事业的各个阶段。因此,每一代共产党人在完成各自历史使命的同时,也形成了体现时代特征的农村发展思想,后一代共产党人的农村发展思想总是在对前一代的继承与创新中形成。

毛泽东领导的中国共产党人完成了"中国人民站起来"的历史使命。毛泽东领导的共产党人在完成自己使命的过程中,逐步形成了一系列农村发展思想。作为社会主义工业化总体战略的重要组成,毛泽东认为,"实现农村工业化是农村伟大光明的前途"。但由于中国农村一家一户个体生产的内在缺陷不利于其自身的发展,而集体化是克服这一问题的唯一办法,因此,党在农业问题上的根本路线是"第一步实现农业集体化,第二步在农业集体化的基础上实现农业的机械化和电气化"。毛泽东认为,人民公社作为集体化的高级形态,使农村中原来的生产资料集体所有制扩大和提高了,并且开始带有全民所有制的成分。人民公社的规模比农业生产合作社大得多,并且实现了工农商学兵、农林牧副渔的结合,这就有力地促进了农业生产和整个农村经济的发展。毛泽东虽然充分考虑了人民公社的优越性,但是对人民公社集中经营和平均主义挫伤农民积极性的认识不足,再加之当时片面强调"以粮为纲",严格实行计划经济,这在实践中使广大农村经济发展不同程度地遭受了损失。

邓小平领导的中国共产党人发起"让中国人民富起来"的号召,此后经过江泽民、胡锦涛接续领导的中国共产党人加以实现。基于社会主义初级阶段的中国国情,邓小平提出了"使一部分人、一部分地区先富起来,然后先富带后富"的非均衡发展战略,在重点区域、重点领域通过实施特殊政策率先发展,但是,他始终强调农村的重要地位,认为"中国经济能不能发展,首先要看农村能不能发展,农民生活是不是好起来"。而要农民富起来的主要手段就是让农民获得土地经营自主权,农村政策的核心是尊重和扩大生产队、农民的生产自主权,建立责任制,这就把农民的积极性调动起来了。而且,他充分肯定了农村工业化在农村发展中的作用,"在农村改革中,我们完全没有预料到的最大的收获,就是乡镇企业发展起来了,突然冒出搞多种行业,搞商品经济,搞各种小型企业,异军突起"。乡镇企业的发展,主要是工业,还包括其他行业,解决了占农村剩余劳动力百分之五十的人的出路问题。农民不往城市跑,而是建设大批小型新型乡镇。江泽民清晰地阐明了农村发展和国家发展之间的关系。他认为,"中国是一个农业大国,十一亿多人口,九亿在农村。这个基本国情,是我们考虑全部问题的一个根本出发点",还以为"农业上不去,整个国民经济就上不去;农村不安定,整个社会就不会安定;农村经济得不到相应发展,国民生产总值再翻一番、人民生活达到小康水平就不可能实现"。江泽民将农民收入增长缓慢的原因归结为农业结构不合理,农村人口过多。因此,他主张通过调整产业结构和发展乡镇企业的方式推动农村人口向农业外转移。

胡锦涛将"三农"问题进一步提升到关系"党和人民事业发展的全局性和根本性问题"的高度,指出"农业丰则基础强,农民富则国家盛,农村稳则社会安"。由于国家经济实力明显增强,基本具备了工业反哺农业的能力,因此,他正式提出"统筹城乡经济社会发展,实行工业反哺农业、城市支持农村和'多予少取放活'的方针,坚持以经济建设为中心,协调推进农村社会主义经济建设、政治建设、文化建设、社会建设和党的建设,推动农村走上生产发展、生活富裕、生态良好的文明发展道路"。

时至今日,中国已经成为世界第二大经济体,具备了由"先富"走向"共同富裕"的实力,习近平领导的中国共产党人义不容辞地肩负起"让中国人民强起来"的历史使命。乡村振兴战略思想就是在充分吸收前代中国共产党人农村发展思想的基础上,融入"共同富裕"和"强起来"理念而形成的新农村发展战略思想。

第三节 实施乡村振兴战略的重要意义

一、实施乡村振兴战略是解决我国城乡发展不协调、不充分的迫切要求

广大农村居民的同步小康是确保全面建成小康社会的重要任务。所谓全面

小康，就是区域全覆盖、没有任何人掉队的小康。没有农村的全面小康就算不上是建成了全面小康。当前我国城乡发展不协调、不平衡、不充分，表明农业和农村领域跟不上我国经济发展的大队伍。其最为突出的问题主要表现在以下几方面：农产品供求结构失衡，农业供给质量效益和综合竞争力有待提高；人们对农产品的质量要求还没有得到很好的满足，尤其是对食品安全要求更高；农业资源约束和成本上升加剧；农民适应生产力发展和市场竞争的能力不足，农民专业人才队伍建设还需加强；农村生产性、生活性、人文性以及流通性基础设施滞后于城市，农村基础教育、医疗卫生、社会保障等公共服务水平也不高，民生领域欠账较多，农业生态环境破坏的问题比较突出，乡村发展整体水平还有待提高；国家支农体系相对薄弱，农村金融系统改革推进落后于城市，城乡之间要素合理流动机制还有待健全；农村基层党组织没达到全面过硬，乡村治理体系有待健全、治理能力还有待提升。只有解决好"三农"问题，我国才能飞快向前发展。习近平明确指出："任何时候都不能忽视农业、不能忘记农民、不能淡漠农村；中国要强，农业必须强；中国要美，农村必须美；中国要富，农民必须富。"在近5年内，农业供给结构的转型升级迈出了新步伐，粮食生产能力登上了更高的台阶。农民收入持续较快增长，农村民生福祉大幅提升，脱贫攻坚战取得进阶性进展，农村生态环境总体改善，农村改革全面深化，农民获得感显著提升，农村社会稳定和谐。农业农村发展取得的重大成就和"三农"工作积累的丰富经验，为实施乡村振兴战略奠定了良好基础。实施乡村振兴战略，是解决人民日益增长的美好生活需要和不协调不充分的发展之间矛盾的必然要求，是实现"两个一百年"奋斗目标的必然要求，是实现全体人民共同富裕的必然要求。

二、实施乡村振兴战略是实现农业农村现代化的行动纲领

党的十九大报告提出的乡村振兴战略"20字方针"，即"产业兴旺、生态宜居、乡风文明、治理有效、生活富裕"，也是加快推进农业农村现代化的建设目标。其具体体现在以下两方面：一方面表明必须始终把解决好"三农"问题作为全党工作的重中之重；另一方面也为农业农村现代化的实现树立了路标。其方针与2005年中央提出的社会主义新农村建设"生产发展、生活宽裕、乡风文明、村容整洁、管理民主"20字方针相比，进一步丰富了内涵，加深了层次。

经过了长期的努力，中国特色社会主义进入了新时代，我国社会主要矛盾转化为人民日益增长的美好生活需要和不平衡不充分的发展之间的矛盾。人民

对美好生活的追求不仅是物质文化的更高要求,还有对优美生态环境、民主、法制、公平、正义、医疗等多方面的需求。而城乡间的发展不协调除了生产力发展水平和收入分配差距不协调之外,还有城乡基础设施建设的不协调,尤其是生态环境基础设施建设的不平衡。在新型城镇化背景下,城镇生态环境问题已被媒体、公众所广泛关注。在推进工业化的进程中,环境治理越来越受到重视,国家的投资力度不断加大,且组织、人员的配置和运行机制等也不断完善,而占国土面积90%以上的广大农村的生态环境问题却被长期边缘化。特别是在城市产业结构的调整进程中,广大农村生态环境面临城市污染转嫁、环境污染的风险日益加大的境况。党对新时代我国社会主要矛盾中凸显的农业农村发展中的突出矛盾提出了实施乡村振兴的战略。打造生态宜居的现代乡村,就是实施乡村振兴战略的一项重要任务。良好的生态环境是农村的最大优势和宝贵财富,必须坚持人与自然和谐共生发展。要以人为本、因地制宜、精准施策,充分利用农村生态资源优势,实施农村人居环境整治方案,开展美丽乡村工程建设,推动乡村自然资本增值。让生态美起来、环境靓起来,呈现出山清水秀、天蓝地绿、村美、户富、人和的田园风光、美丽画卷。让绿水青山真正成为兴村富民的金山银山,实现乡村振兴战略中提出的"生态宜居"目标,实现百姓富、生态美的统一。

乡风文明是乡村振兴战略的重要内容,更是建设社会主义新农村的有力保障、重要举措。习近平在十三届全国人大一次会议中强调,乡村振兴,既要塑形,也要铸魂。要坚持物质文明和精神文明一起抓,培育文明乡风、良好家风、淳朴民风,改善农民精神风貌,不断提高乡村社会文明程度,使之焕发乡村文明新气象。乡风文化是农村几千年发展中各种物质和非物质的文化资源和文化遗产,是人与人、人与社会、人与自然和谐共生的体现,也是乡村振兴战略的精神支撑、灵魂所在。乡风反映了社会经济、政治、文化和道德等的状况,也反映了一个民族的价值观念、风俗习惯与精神面貌。因此,加强推进乡风文明建设,是满足农民精神文化需求迅速增长的迫切需要,是提升农村经济整体发展水平的迫切需要,也是构建社会主义新农村的迫切需要。在实施乡村振兴战略的过程中应转变过去重经济轻生态、轻文化的发展理念,应注重强化农村原生态文化的建设与传承,乡村"灵魂"不能走样也不容歪曲。实施乡村振兴战略,实质上是在推进融生产、生活、生态、文化等多要素于一体的系统工程。

农村要成为安居乐业的家园,就离不开科学有效的治理。要实现乡村"治理有效",自治是乡村治理的核心。我国乡村在几千年的历史沉淀中,形成了各地迥然的文化特色,只有根据各地的民俗、民风,实行适合当地的治理方案,尊重乡村的自主性与差异性，才能真正实现乡村振兴。对于乡村基层组织来说，其必须以村民为主体，支持鼓励村民广泛参与，充分发挥其主观能动性。德治是乡村治理的基础。用伦理道德约束村民的道德行为，弘扬社会正气，能够起到法律强制性治理起不到的作用。法治是乡村治理的保障。没有法治，乡村治理就可能有失公平公正。在法治的社会中，法律对一切行为都具有普遍约束力，任何行为都不能越过法律的范围，乡村治理也不例外。在新型农村基层治理机制中，可以通过德治着力预防和减少乡村矛盾，运用法治思维和法治方式解决乡村发展稳定中遇到的问题。要想实施好乡村振兴战略，就必须构建一个自治、法治、德治相结合的乡村治理体系。

乡村振兴战略与社会主义新农村建设的方针相比，乡村振兴战略具有更为深远的意义和更加全面的要求。其具体体现在以下方面：一是产业发展上，从原来的生产发展提升到产业兴旺，实现了从产业单一性到产业体系化的跨越，即一、二、三产业融合发展；二是农民生活上，从原来的生活宽裕提升到生活富裕，与全面建成小康社会的目标相统一；三是生态建设上，从原来的村容整洁提升到生态宜居，实现了从外在美向外在美与满足人民日益增长的美好生活需要相统一的转变；四是管理上，从原来的管理民主提升到治理有效，在实现从管理向治理转变的同时，也更加注重治理效率。五是将"生活富裕"放在最后，体现了乡村振兴战略的根本目的。乡村振兴战略是全面建成小康社会的行动纲领。

三、实施乡村振兴战略对新时代"三农"工作的重大意义

农业农村农民问题是关系国计民生的根本性问题。因此，必须始终把解决好"三农"问题作为全党工作的重中之重。中央之所以把解决好"三农"问题放在各项工作的首位，是因为在新时代发展中，农村建设是工业化、城镇化、信息化发展新阶段面临的重点任务，是全面建成小康社会的必然要求。习近平指出："没有农业现代化，没有农村繁荣富强，没有农民安居乐业，国家现代化是不完整、不全面、不牢固的。"当前我国全面建设小康社会的重点难点就是要补齐农业农村这块短板。"农业丰则基础强，农民富则国家盛，农村稳则社会安；没有农村的小康，就没有全社会的小康。"乡村振兴战略是建立在深刻认识我国城乡关系变化趋势，总结国内外城乡发展规律，深刻汲取国外正反两方面的经验教训的基础上的一个统筹城乡发展的大战略、协调区域发展的大举措、加快发展的大机遇。实施乡村振兴战略，使社会主义新农村建设与工业化、

城镇化同步推进,让亿万农民共享成果,走中国特色的工农协调发展、城乡共同繁荣的道路。乡村振兴战略改变了过去单纯强调农业现代化的农村建设目标,丰富了统筹城乡发展工作的内涵,拓宽了解决我国"三农"问题的发展思路,提升了战略的目标和高度,使我国"三农"问题变为一项新时代全面建成小康社会的综合性的关键工程,具有系统性、全面性的特点。可以说,在新的发展理念下提出的乡村振兴战略,对建设现代农业、繁荣农村经济、最终解决我国"三农"问题吹响了号角,对增加农民收入有着深远的历史影响和重大的现实意义。

十九大提出的乡村振兴战略是符合我国全面实现小康、迈向社会主义现代化强国的重大战略,是中国特色社会主义建设进入新时代的客观要求。坚信有党的领导,有亿万农民的创造精神,有强大的经济实力支撑,有历史悠久的农耕文明,有旺盛的市场需求,举全党全国全社会之力,以更大的决心、更明确的目标、更有力的举措,可以推动农业全面升级、农村全面进步、农民全面发展,谱写新时代乡村全面振兴的新篇章。所以振兴乡村对于振兴中华、实现中华民族伟大复兴中国梦都有着重要的意义。

第四节 乡村振兴战略面临的挑战和重要关系

党的十九大报告明确提出实施乡村振兴战略,并将其列为坚定实施的七大战略之一。作为解决"三农问题"、全面激活农业农村发展活力的重大行动,近年来,乡村振兴问题在学术层面上得到了极大关注,关于乡村振兴问题的研究呈现井喷式增长的趋势。但鲜有学者对有关乡村振兴战略的研究进行过系统的归纳总结,尤其缺乏对乡村振兴战略未来研究重点的深入论述。本书通过对相关文献进行总结分析,将学者广泛关注的乡村振兴的"人、地、钱"等资本要素以及制度化构建等问题进行归纳,并将乡村振兴战略的实施与脱贫攻坚、粮食安全、市场化改革、农民内生动力激发这四大关系的研究现状进行梳理。

一、乡村振兴战略面临的四大挑战

要实施好乡村振兴战略,抓好"人、地、钱"是关键。目前,乡村振兴面临的主要问题体现在以下几方面:第一,农村地区"老龄化""空心化""低学历"现象突出,中坚人才队伍建设不足;第二,土地收益"取之于农,用之于城"的制度障碍尚未破解;第三,乡村的资源性资产尚未盘活,多样化的融资体系亟待构建;第四,乡村振兴的制度化建设尚未在学术层面和政策层面被给予一定的解答。

（一）乡村振兴的专业人才比较紧缺

农业农村优秀人才是乡村振兴的内生动力和内在需求，是促进农业发展由增产到提质的中坚力量，也是实现其他领域振兴的能动性因素。现有研究主要围绕乡村振兴的人才现状、人才流失的原因以及引才路径等问题进行分析。城乡发展之间的差距导致乡村人才纷纷投入城市建设中，青壮年劳动力、高素质人才流失严重，留守基层的主要有两类人，一类是基层干部，另一类是老人、妇女和儿童。《2017年农民工监测调查报告》显示，农民工总量占到全国人口的20%，占农村人口的50%，留守农村的各类实用人才仅有1690多万人，占农村劳动力的3.3%。任中平调研发现，四川遂宁市外出务工的农民占到全市农村劳动力的70%以上。务农人员普遍文化程度低，老龄化问题突出。第三次全国农业普查主要数据公报显示，农业从业人员小学学历与初中学历者占总人数的85.4%，大专及以上学历的仅占1.2%。谭金芳等人通过"万名学生万村行"的调研发现，70%的农民均为初中及以下学历，本科以上的仅占7%。吴素芳通过调研新型农业职业培训班发现，初中及以下文化程度者占71.4%，40岁以上从业者占78%。桂华指出，从事耕种的多为50岁以上的中老年人以及部分70岁以上身体健康的老人。此外，农业推广人才，农业生产型、经营型和技能服务型人才严重匮乏。涉农本科毕业生升学进入企事业单位工作的比例高达90%，仅有少数人从事农业推广、农业生产和农业技术服务工作。相比城市，农村生活环境不佳、发展机会不足、文化吸引力匮乏，再加上对农民职业的偏见，导致农村对人才的吸引力不足。乡村部门单位缺少引进人才的思想意识和主观能动性，缺乏引进人才的针对性和具体规划。激励机制的僵化与缺失也导致乡村振兴后劲不足。

有学者从促进人才振兴的方面进行了思考。在宏观层面，有学者指出注重人才内部的建设与挖掘，通过政策引导和技术培育吸引农民、高校毕业生、城镇居民回流成为职业农民。另外，要加强物质资本、科技人才和企业家向农业流入，实现劳动力"要素替代"。在微观层面，如许应楠和刘忆基于技术接受模型（TAM）和计划行为理论（TPB），利用结构方程模型分析了乡村振兴背景下新型职业农民参与农村电子商务发展的影响因素和对策。杨璐璐运用人力资本投资理论，构建影响农民教育行为决策的理论模型，研究影响农民培训满意度的因素。

（二）土地要素活力尚未充分释放

土地是实施乡村振兴战略的重要载体，也是影响乡村振兴战略成败的关键问题。

影响土地要素活力的体现的因素主要有以下几点。

①土地收益分配机制不健全，农民难以从现有的土地制度中获益。在土地制度改革中，农民的内生发展动力没有得到充分激发，目前的征地制度对农民的补偿方式单一，多数仅限于货币补偿，且补偿标准普遍较低，土地收益存在"取之于农村，用之于城市"的问题。贺雪峰指出，建设用地增减挂钩并不能增加农民的财产性收入，反而可能导致农民失去土地，进城失败后无法再回到农村。胡传景等人认为，目前在乡村振兴背景下，农村宅基地面临底数不清、交易对象限制苛刻、拆迁补偿标准较低等问题。在现行的土地政策下，农民从土地中得到的收益主要体现在以下三个方面：一是获得流转收入或征地补偿；二是与企业签订简单的雇佣劳动合同或产销合同；三是通过股权获得一定的收益。目前以前两种参与方式居多，以入股、信托等形式获取收益的比例较低，土地制度改革与农户利益的深度融合机制还有待挖掘。在现有的土地制度下，政府是唯一的建设用地提供者，农户和集体经济组织无法直接面对需要用地的经营者，政府征地往往以公共利益为切入点，农民和农村集体经济组织在很多时候难以真正受益。现行的征地制度存在土地征占规模过大、公益性征地与经营性征地界分模糊、失地农民补偿偏低、土地增值收益分配不合理、农村集体和农民对土地征用的发言权依然较少等问题。集体经营性建设用地入市交易均价为 8.34 万元/亩～49.59 万元/亩不等，而被征地的农民从中获取的收益在 0.597 万元/亩～9.44 万元/亩不等，两者的收益相差很大。

②现有的土地承包制度规范性较差。乡村人口结构已经发生改变，现有《中华人民共和国农村土地承包法》（以下简称"《土地承包法》"）中缺乏土地承包权退出机制，导致无种粮意愿的外迁人口拥有土地承包权，而有种粮意愿的新生人口无土地承包权等。另外，现有《土地承包法》中没有对经营权抵押的情况做出规定，导致种植大户和企业贷款难，资金周转难。陈玉山和庄小将指出，目前的土地流转规范性较差、法律保障性较差，常以非正式和无固定期限合同为主，"毁约""跑路"等现象突出。土地流转的期限较短，如江西、浙江等地的土地租赁期限大部分在 5 年以下。土地规模经营面积仍普遍偏小，如宁波农业户均经营规模仅 9 亩。即使土地得到规模化流转，但人才、资金、技术和要素的配备失衡，加上农业生产周期长和投入高的特点，常常会使

企业因资金不到位而错过相应的种植周期导致土地撂荒，土地的生产效率也难以提高。

③农村集体土地征收和使用存在制度障碍。现行的土地制度禁止农村土地入市，这阻碍了农民财产性收入的获得。叶裕民等人指出，中国乡村建设用地存在向城市供给的倾向，这导致生产资料减少，乡村振兴内生动力不足。王海娟和胡守庚认为，现行土地制度扩大了农民的地权，却弱化了村集体的土地权利，这导致村集体动员能力下降，成为乡村振兴的制度障碍。陈文胜指出，目前人才、资金等各种要素难以下乡，主要原因是土地的权能不清晰，难以资本化。使土地及其附属物权属清晰，是推动乡村资源资产化，实现乡村振兴的关键。夏柱智发现土地增减挂钩制度会带来区域不公平的问题，这导致资源要素更多地流入较发达地区的农村，从而使乡村振兴的效果并不尽如人意。王晓桦指出，现行的《农村宅基地管理办法》规定禁止向城镇居民、法人和其他组织、村集体组织成员以外的农民转让宅基地，这导致乡村的流逝人口难以得到有效补充，社会资本难以进入农村，从而限制了乡村振兴的步伐。现行的法律制度主要强调宅基地的保障功能而非经济功能，这导致农村宅基地使用权的抵押存在权属障碍。倪维秋指出，目前农村土地利用规划缺位导致农村土地利用粗放、无序。

（三）乡村造血不足与资金扶持不够

美国建立了多元化的农村金融体系，由农场信贷系统、商业银行贷款、政府贷款为农业发展、居民住房和消费、农村人居环境治理提供资金支持。相比之下，目前中国乡村振兴建设面临资金缺口大、投入单一、金融扶持和担保政策缺失等问题。乡村"沉睡的资产"尚未盘活。中华人民共和国国务院新闻办公室公布的资料显示，截至2017年，我国农村集体经济组织拥有土地等资源性资产66.9亿亩，各类账面资产2.86万亿元，这大体上相当于全国平均每个村庄占有500万元。在整合村集体资源型资产方面，虽然有成功的经验，如贵州省六盘水将土地等自然资源通过入股的方式变成股份，有效地盘活当地沉睡的资产，但"以土地换资金建设城市""用土地出让收入弥补政府支出"是普遍现象，如何将农村资源型资产收入用于乡村是乡村振兴的关键。

①财政涉农资金过于分散，无法形成合力。"国家—基层政权—农户"的三级模式演变为"国家—农户"的直接对接模式后，加剧了资金利用的分散化。涉农资金分块管理，导致管理职能交叉，影响资金的使用效率。财政专项资金与省级农业部门下达的任务存在"两张皮"现象，虽然金额庞大，但支持项目分类过细、过小，资金的"碎片化"使其使用效率大打折扣。另外，随着新型

经营主体的变化以及农业生产经营方式的转变,原来农业三项补贴"农作物良种补贴、种粮农民直接补贴和农资综合补贴"的精准性和指向性逐渐减弱。

②农村金融服务体系不健全。现有的金融服务和金融产品的标准、特点、审批时效、贷款期限等大多针对工业企业的经营而设计,与差异化、个性化、成本低廉化、季节性强的农村金融需求不相符。金融机构网点设置、人员、信贷资源配置等仍主要集中于城市,农村的信用体系尚未形成。网络信息技术在农村金融中发挥的作用有限。金融机构对新型经营主体和小农户的渗透力不足,80%以上的新型农村经济组织难以得到银行贷款,仅有30%以上的家庭经营农民能够从正规金融机构取得贷款,其他农民只能通过向亲戚借款或民间借贷等途径来满足融资需求。朱泓宇等人指出,发展村社型合作金融组织等合作金融方式是助力脱贫攻坚、实现乡村振兴的有效手段。

③乡村振兴资金的多元化渠道尚未建立。在进行乡村振兴的过程中,一些地区通过吸引企业家回乡建设,将政府行政拨款、农户闲散资金、企业家资金以及招商引资资金等有效地整合起来。但从总体来看,农村融资缺口大,而农村投资占社会总投资的比重却在逐年下降。由于农业规模小、成本高、风险大、抵押物缺乏,所以金融机构普遍不愿涉农,农村的资金反而通过各种财政和金融渠道进入"非农"领域,这进一步造成了农村金融资本的短缺。政府财政资金和金融资金各自为政,尚未形成配套体系。

(四)促进乡村发展的整体性制度改革还需深化

①城乡融合发展的机制体制尚未建立。城乡二元体制的限制是乡村发展和振兴最大的制度障碍。城乡分隔的二元体制和城市优先发展战略,造成了资金、土地、人才等生产要素的快速非农化,农村的空心化、深度贫困化以及水土环境的恶化。现有的土地制度、金融制度等也是在城乡二元分割的体制上推进,造成城乡土地发展权、流转权和物权的不平等,以及城乡抵押权利、资金价格、金融服务等方面的不平等,阻碍了乡村的发展进程。在具体实现路径方面,有学者对城乡融合机制进行了理论探讨和机理阐释,指出空间均衡模型和城乡等值线分析法是研究城乡关系较好的工具。

②乡村基层党组织在组织建构、组织力和治理结构等方面仍然存在现实困境。第一,基层组织结构不合理。乡村党组织优秀人才流失严重,人才选拔难度大,党组织成员有着老龄化、低素质和能力不足的特征。第二,基层党组织的组织力有待提升。基层组织软弱涣散,缺乏凝聚力和战斗力,无法满足群众的现实需求。基层党组织成员服务意识淡薄,公信力和威信力在逐渐削弱。第三,

基层党组织与基层社会组织的互动关系呈现非均衡状态。基层党组织在人力资本、物质资源和结构安排等方面具有优势，使其无法与基层社会组织协同发展。

③村民自治制度暴露出一些问题。村民自治章程、村规民约千篇一律，缺乏可操作性，不能因时因地制宜。选举过程中宗族化、派系斗争、村官巨腐等，致使村民自治陷入困境。上级的乡镇党政机关对乡村治理干预过多，乡村治理的行政化明显，民间性和自治性趋弱。随着城乡融合的加速，人口快速流动导致村民自治主体缺位、精英流失，这也在一定程度上影响了乡村治理的水平，现有的自治制度未对"户在人不在"等情况做出相应规定。随着农民就业、收入、生活、思想等渐趋多元化，农村社会走向松散化，维持传统基层政治生态运转的礼俗秩序被打破。另外，村集体经济组织、村党组织以及村委会权责不分、职能交叉重叠也导致了村民自治制度的混乱。

二、乡村振兴战略要注意几大关系

现有文献研究对乡村振兴与脱贫攻坚、粮食安全、市场机制和农民内生动力的关系做了较为详细的阐述。实现乡村振兴，脱贫攻坚是基础和前提，粮食安全是基本保障，发挥市场机制的作用是重要抓手，激发农民的内生动力是根本之策，而乡村振兴又为这四者提供了政策机遇和制度保障。

（一）乡村振兴与脱贫攻坚的互促

乡村振兴与脱贫攻坚是当前农村发展的两大主题，过去分别探讨两个主体的研究成果已经非常丰富。自2019年《政府工作报告》明确要"加强脱贫攻坚与乡村振兴统筹衔接"以后，将两者整合分析衔接的研究不断涌现。学者围绕乡村振兴与脱贫攻坚的关系和统筹衔接做了大量阐述。尽管有一部分研究者认为两者之间存在"互斥性"，但大多数研究者认为两者存在"过渡性"关系，可以实现有效衔接。脱贫攻坚与乡村振兴二者在方向、目标上契合一致，在任务上交织叠加，在推进上相互融合，两者的相互推进可以起到事半功倍的作用。乡村振兴与脱贫攻坚的最终目标均是服务于广大农民群众的利益。脱贫攻坚是乡村振兴的底线、基础和重要内容，乡村振兴是脱贫攻坚的延伸。脱贫攻坚和乡村振兴战略均需要多方参与、多方协作。庄天慧等人基于帕累托最优理论提出乡村振兴强化了精准脱贫的内生动力，降低了精准脱贫的制度费用，精准脱贫是乡村振兴的时序前提和空间基础。乡村振兴战略是一项长期战略。全国人民打赢脱贫攻坚战后，返贫问题和新的贫困问题还会出现，乡村振兴战略能够有机地衔接扶贫工作，使扶贫不脱节，持续解决好脱贫攻坚后的农村贫困问题，从而实现更高水平的共同富裕。

有学者指出了乡村振兴和脱贫攻坚协同推进过程中遇到的问题，并提出了解决路径。有学者提出了耦合理论、乡村多功能理论等研究乡村振兴和脱贫攻坚的融合发展问题。郑瑞强等人指出二者协同存在的倾向性问题体现在思想认识刻板化、疲于创新突破、工作开展片段化、缺乏系统思维以及资源配置碎片化、难以聚焦重心等方面。若要实现两者的有机衔接，关键还在于因地制宜。脱贫攻坚的乡村经济结构调整要考虑到种植高附加值作物暗藏的风险。一旦某区域的种植一哄而上，那么市场很有可能会在短时间内急速饱和，从而出现系统性的风险，这不利于乡村振兴的实现。

（二）乡村振兴与粮食安全的互融

物质资料是人类一切活动的重要前提，粮食作为最基本的物质生活资料影响着全社会的政治经济活动。坚持农业优先原则，保障国家粮食安全和重要农产品的有效供给是实现乡村振兴战略的根本前提。乡村振兴给粮食安全带来了机遇。针对如何实现乡村振兴战略"产业兴旺"这一要求，目前学者的论点主要集中于以下几方面：深入实施"藏粮于地、藏粮于技"的科技战略，加强创新驱动和技术进步，提高粮食综合产能；构建现代农业生产和经营体系；培养新型农业经营主体；健全农业社会化服务等方面。从农村建设角度来看，高延雷等人在建立中介模型进行实证分析后发现，乡村振兴战略将会进一步推进城乡一体化建设，提高城镇化水平，而城镇化对农业技术又有较大的促进作用，进而会对粮食安全有显著的正向影响。萧洪恩在总结我国历史农业发展道路的经验后指出，乡村振兴战略与"三农"的整体联动在本质上是实现"就地现代化"。其在不改变农民身份、农村土地性质的基础上发展农村工业化、信息化和城镇化，提高农业生产技术水平。具体来说，乡村振兴将提升全体农民的现代化水平、提高农业资源的配置效率、科学调整农业的发展结构，由此降低农业生产成本、提高农业发展效益、刺激农民生产积极性，以最终保障国家粮食安全的长期稳定。杨晓婷通过分析粮食总产量、耕地面积、农业劳动力等粮食安全可量化指标指出，传统指标的波动一定程度上是乡村振兴与城市发展接轨这一磨合期产生的阵痛，在经济新常态下，粮食安全战略目标和粮食安全评价体系应进行更新优化。

从战略的具体推进上看，乡村振兴战略注重农业技术创新发展，坚持推进市场导向的农产品价格机制和粮食收储制度的改革，以及对农业经营主体政策的扶持，这有助于提高粮食生产的潜能和竞争力。刘松认为推进粮食流通领域的体制机制改革也至关重要。尹成杰指出，通过产业融合来夯实农业基础的创新发展是乡村振兴战略实施的重要抓手。此外，有学者还指出，乡村振兴战略还将从创新完善农村制度政策、落实"三权分置"改革、加强农民文化教育技术培训、加强农村社会治理和机制机构改革等方面综合发力，以全面实现农村现代化建设，最终实现保障国家粮食长期安全的目标。

粮食生产的比较收益下降带来的土地撂荒问题会进一步威胁粮食安全。城镇化背景下的城乡劳动力价格差异是农民种粮积极性下降、撂荒增多、耕地利用率下降和经营粗放的重要原因。王跃梅、姚先海、周明海利用修正后的柯布－道格拉斯模型对1978—2008年影响我国粮食产出的因素进行了实证分析，发现劳动力外流对粮食产出的影响是有区域差异性的，且粮食购销市场化加速了农村劳动力的外流，进而影响了粮食安全。桂华结合宪法、物权法对土地产权的规定对农村土地制度进行了分析，认为土地撂荒现象主要出现在山区以及城郊区域，前者是由于土地细碎化程度较高，农民种粮不划算，后者是由于城郊区域土地流转费用高，种粮亏损导致投资种粮人"跑路"。另外，违规占地、随意变更土地性质也对粮食安全构成了威胁。随着商业资本进入农村，不少违规占地、变更耕地性质的现象开始出现，这导致了耕地减少、优质农田被破坏等现象出现，威胁了粮食安全。一些地方的乡村振兴工作依旧停留在城镇化和乡村建设等方面，如基础设施建设、环境整治、旅游开发等，忽视了农业优先发展的大原则，挤占了耕地，在发展特色农业、农产品加工及服务业的同时种粮效益降低，导致了基础农业的退化，出现了过度"非粮化"的现象。此外，土壤保护问题也不容忽视。代良羽等人将土壤生态系统服务与乡村振兴战略的要求进行了关联性分析，指出土壤资源对乡村振兴战略目标的实现发挥着至关重要的作用，实施乡村振兴战略的同时要辅以更严格的土壤政策，加强土壤的科学管理，确保土壤资源的高效可持续利用，如此才能提高粮食产量、质量，实现生态环境的安全和循环发展。

（三）政府主导与市场机制的衔接

在乡村振兴和市场机制方面，学者主要围绕乡村振兴中如何把握政府与市场的关系、市场的激活等问题展开讨论。学者在进一步完善市场化机制、激活市场在乡村振兴中的作用方面存有共识。学者普遍认为市场化是农业农村改革最关键的经验之一，要推进乡村振兴战略，应进一步完善产权制度，推动劳动力、土地等资本要素的市场化，要通过市场机制激发各主体参与市场的积极性。陈锡文对中国粮食价格变动的问题进行了可视化分析，发现在农业支持保护体系方面，以往的最低价、临储价扭曲了粮食市场价格，所以应建立市场化的粮食价格形成机制和收储政策。叶兴庆认为目前城乡要素市场和产品一体化程度有待提高，乡村和城市应该对各自的产品和服务需求做出灵敏的反映。王晓毅指出，资本和企业是目前联系农户和市场的主要渠道，这种单一化的市场机制，在一定程度上造成了价格传导机制的失灵，与农业多样化生产和消费需求不相符。因此，乡村振兴需要建立多样化的市场机制和市场主体。

实施乡村振兴战略，要厘清政府和市场的关系。郭素芳从要素流动理论出发，指出乡村振兴的过程即城乡要素双向流动的过程，点明了目前农村严重"失血"的问题，提出应建立市场主导、政府引导的要素流动机制，优化城乡资源配置。政府应在科技、基础设施、社会保障、教育、医疗等方面提供基本保障，市场解决农民致富、激发各类经营主体积极性的问题。政府应通过技术推广、构建供销系统等，提供公益性服务，帮助小农户更好地对接大市场。郭金丰在分析江西省农村土地流转情况后认为，政府在土地流转公共服务中存在公共服务供给过度的问题，这导致土地流转市场供求关系扭曲，土地流转价格失真，进一步阻碍了土地的流转。

（四）政策引导与农民内生动力的激发

农民内生动力指农民内在应对风险、组织管理、学习创新的能力，以及价值观、理解力、反思能力等无形的内在力量。农民是乡村振兴的主体，提高农民的内生动力是实现乡村振兴的根本之策。乡村振兴首先要解决农民内生动力不足和组织化的问题。

冯海发认为，政府不宜大包大揽，要纠正农民的"等、靠、要"的思想。政府对基层社会事务包揽过多，挤压村民自治的空间，导致农民参与乡村治理的积极性不高。张丙宣和华逸婕基于激励结构与内生动力的分析框架，分析了赶超战略时期的乡村衰退和新时代乡村振兴的发生机制，认为在 GDP 导向的激励结构下，过度注重经济效率，造成了乡村文化和政治生态的瓦解，导致了乡村人口大量外流，乡村的内生发展动力遭到破坏。要通过开展农民教育、改善农民精神风貌、加强新型职业农民培训等方式提升农民的内生动力。李雪、韩一军等人利用分位数回归的方法对冀鲁豫三省农户的调研数据进行了回归分析，结果表明粮食主产区农民收入的稳定增长直接影响其种粮积极性，且收入水平与影响程度呈正相关关系。陈美球在分析江西省黄溪村的案例后，指出村集体经济组织建设滞后是农民内生动力难以激发的重要原因，强调在乡村振兴过程中，通过村集体经济组织或新型合作社建设，提高农民的参与性以及应对风险的能力。张新文和张国磊基于内生性供给理论分析了贵州安顺唐岳村公共服务供给情况，认为其对于农民参与乡村振兴有较好的带动作用。

第五节　乡村振兴战略研究重点

有关乡村振兴战略的研究从理论框架、国际经验、历史维度以及个案研究等层面的分析较多，定量分析文献的研究普遍存在与乡村振兴的内在发生机理联系不紧密的问题，有些文献题目虽说是基于乡村振兴的视角，但实质研究内容与乡村振兴关系不大。随着乡村振兴战略的推进，其对未来研究的理论和机理建构、方法创新以及实证检验等提出了更高的要求。

一、深入发掘和研究乡村振兴理论体系

当前研究对乡村振兴相关理论的系统性、全面性、针对性深入程度不足。现有文献虽阐述了人地关系系统理论、耦合理论、演化博弈理论等在乡村振兴研究中的应用，但大多是对其他领域理论的简单描述和复制，与乡村振兴结合的程度不够，且创新性也不强。在今后的研究中，相关人员应结合乡村振兴的发展特征和内在机理，结合"三农"自身的特点，充分借鉴产业经济学、福利经济学等研究成果，利用理论模型推导市场机制与政府主导的行为边界，推动乡村振兴研究的理论创新。进一步深入挖掘计划行为理论、帕累托最优理论、人地关系系统理论等在乡村振兴研究中内涵和外延的运用，使之切实起到指导乡村振兴工作和实践的作用。

二、加强乡村振兴的规律、趋势和效果评估研究

当前研究主要以观点阐述类的定性分析为主，大部分文献采用定性观点表述、个案调查分析、历史经验回顾、简单描述性统计等方法，随着乡村振兴的深入开展和进一步推进，相关的研究应从观点性表述向发掘乡村振兴的机理性、特征性、规律性和差异性转变。应从单项个案研究向研究乡村振兴问题的趋势转变，应从定性分析向构建大样本数据库进行计量实证检验转变。未来应加强乡村振兴相关目标指标体系的构建和量化研究，建立乡村振兴效果评估以及影响因素数据库，探讨乡村振兴微观实证计量模型的构建和应用，注重计量研究与乡村振兴结合的紧密性，探究乡村振兴的规律、趋势和实施效果。

三、加强乡村振兴与其他"三农问题"的交叉融合以及有机衔接研究

在研究内容方面,当前研究存在乡村振兴与其他"三农问题"的衔接研究不够、相互割裂的问题。乡村振兴与粮食安全、脱贫攻坚等问题的互融互促以及协同衔接机制应是今后研究的着力点。相关人员应开展乡村振兴与粮食安全、脱贫攻坚的互融互促效果评价、风险和矛盾的识别评价机制研究,将自然科学与社会科学结合起来,将农业、植保等关键环节与经济学分析手段结合起来,建立多层次、多维度的衔接评价指标的构建研究,评估乡村振兴与脱贫、粮食安全等其他"三农问题"的协同推进效果,识别其内在的矛盾和风险点,推动"三农问题"协同交融机制的构建。

第二章　实施乡村振兴战略的创新举措

乡村振兴战略是在新时代、社会主要矛盾转换的背景下，基于我国"三农"的新问题和发展新条件提出的，与以往的农村发展政策相比有了新发展、新转变。其不同于以往的农村政策，是因为其体现的是系统的、全局性的发展战略，实现了由政策发展思维到战略发展思维的转变，克服了以往"三农"政策缺乏整体性的问题。其创新举措主要体现在产业振兴、生态振兴、人才振兴、制度创新等方面。

第一节　产业振兴

2018年，习近平在参加山东代表团审议时，就如何实施好乡村振兴战略提出了"五个振兴"的科学论断。他指出，乡村振兴要从产业振兴、人才振兴、文化振兴、生态振兴、组织振兴五个方面系统推进。其中，产业振兴是"五大振兴"之首，可见产业振兴在乡村振兴战略中的重要地位。产业作为农村的根本，振兴产业在农村的发展中起着动力引擎的作用。产业的发展能为农村的繁荣提供强大的动力。所以，我国要立足农情，从根本上解决农村问题，以农业的发展推动整个农村的经济发展，推进农村农业的现代化，从而实现农村的全面发展。

一、乡村产业振兴遵循的原则

产业振兴要遵循"试点先行"与"逐步推广"相统一的原则。政府在推出一项政策或进行改革时，尤其是涉及较为重要的政策或改革时，首先应该选取一个试点，进行局部的探索，然后在这个试点地区逐步摸透经验，进行总结，之后在实践中进行检验和修正，遇到问题及时调整，弄清楚状况后形成相应的资料，根据实际情况进行相应的调整，最后结合一定的经验与政策进行大范围的推广。这样做首先能够避免由于政策的不成熟而导致的不良影响，可减少大范围的失误，同时试点先行在遇到问题时解决起来的损失要比大范围推广的要小得多，也比较容易解决，改革起来较为稳妥。这些方法是以矛盾的个性与共性在一定条件下能够相互转化、矛盾的共性寓于个性之中为辩证法依据的。在农村推行产业振兴政策时，相关部门首先需要选择一个小的区域为切入点进行试验，摸着石头过河，这本身就是一个试错的过程，相关人员在总结经验的同时逐步形成相应的模式，及时改进然后再逐步推广到各个农村地区，这是认识和把握客观规律的根本途径。

在遵循"试点先行"和"逐步推广"的原则基础上，相关人员需要注意具体问题具体分析。当试点地区和其他地区存在很大差别时，得到的结果常常也会有很大的差距。在试点地区实施政策时，国家对其各方面的关注是极大的，财政支持和政策支持会同时发挥作用，但当推广范围扩大时，国家很多时候不能将各方面都关注到，所以效果有时会相对较差。所以，农村的产业振兴战略需要遵循"试点先行"与"逐步推广"相统一的原则。

二、乡村产业振兴的主要举措

（一）优化产业链条构成要素，推动一、二、三产业融合发展

1. 提高从业人员的整体水平，培育新型农业经营主体

第一，因人而异实施层次培训，提高经营主体综合素质。农民的现代化决定了农业的现代化。经调查研究发现，传统的农业经营主体以妇女、老人为主，这类人群受教育水平较低，难以将农业的经营规模扩大，这使农业生产有时会处于亏损状态。这就要求新型农业经营主体的普遍受教育水平要高一些，要年轻一些，这样农业的生产效率会有很大幅度的提高，从而调动农民的积极性和创造性；政府相关部门也应加大扶持力度，实行正确引导，完善对农业从业人员的培育政策，突出培养重点，拓宽教育培训途径等加强对农民的职业教育，同时还要通过资金激励手段鼓励优秀人才回到农村创业。

第二，整合经营模式，促进优势经营主体的发展。根据规模经济理论，在一定时期内，农业适度经营规模的扩大有利于利润水平的提高，能够解决农户生产的某些方式效率低的问题。传统经营模式小且分布零散，无法进行机械化作业和标准化生产。为提高农产品的竞争地位，提高农民的收入水平，国家必须走集约化、规模化道路，将土地从劳动力较弱的农民手里转移到龙头企业或农业大户的手中，提高资源利用率，释放更多的土地用来扩大生产规模，采用现代化生产经营模式，从根本上解决"大市场"与"小生产"之间的矛盾。

2. 突破第一、二、三产业的要素束缚，完善融合保障体系

第一，突破"地"的要素制约，充分保障土地供给量。农村土地面积有限，但用地需求不断增加。在保障耕地面积的同时，满足农业用地的需求是乡村振兴、农民富裕必先解决的焦点问题。盘活土地存量，是快速缓解用地矛盾的有效方法。政府应当完善新增建设用地的供给机制，优化农村土地布局，优先考虑农村产业发展的用地问题，挖掘农村闲置资源，释放农村土地存量，精准利用土地资源。

第二，突破"钱"的要素制约。这要求用好政府的钱，吸引社会的资本。政府应该优化投资结构，将固定资产投资继续向农村三大产业融合发展倾斜，建立起基础牢固、发展长远、影响深远的全局性工程；同时加快改善农业基础设施薄弱的状况，提高农业补贴政策的指向性和精确性，为乡村带来资金流，营造良好的融资环境，从而不断激发农村资产的金融活力。

第三，突破"人"的要素制约。这要求健全人才培养培训体系，培养一批掌握先进农业技术和现代化管理知识的新型农业专业人才。政府应当鼓励有知识、高素质的年轻人投身于乡村振兴的工作中，并给予其优惠保障，尤其在人员编制、工资待遇等方面要有制度保障。政府通过建立实训基地、创业孵化基地、交流合作平台等，全面培养一支爱农村、懂农业、有文化、懂技术的优秀人才队伍，从而为农村三大产业的融合发展提供人才支撑。

（二）发挥地方优势，发展乡村特色产业

1. 强化质量安全，培育农业品牌

第一，强化质量安全，全程标准化技术作业。各个地区应根据其特长和特色，通过标准化作业来提高工作效率、提高农业生产力、增加产量，这是农业现代化的必然选择。以农业为主要实践对象进行一系列符合现实需要的、统一的、协调的、合理的标准化活动就是农业标准化。具体来说，就是以保护生态环境为前提，以市场为导向，以促进农民增收为目的，以农业技术推广为手段，以指定的国家标准为基础开展的活动。

政府应培育农产品主体品牌。在农产品品牌建立之初，应加大力度做大做强品牌，通过媒体互联网或者在各大活动中，有意识、有目的地加大对农产品的品牌宣传，这样可快速提升主题品牌的知名度，为其树立一个良好的社会形象。农产品主体品牌的培育需要考虑消费者的消费心理和消费动机，树立有个性的品牌形象，这样就会在提高销量的同时也大大增强消费者对此品牌的信任感。

2. 深入挖掘当地特色，重点发展特色产业

第一，以政府执法部门的统筹视野，来布局具有属地特色的引领产业。政府要明确自己在农业发展中的定位，对农业市场进行有效的监督指导，维护健康有序的市场秩序，积极鼓励农业科技创新，对农业知识产权实行奖励和保护；加大对特色农产品的资金投入力度，减少不合理的农业税费，全方位帮扶农产品企业做大做强。

第二，以市场潜在发展趋势为引领，培育未来能满足市场需求的潜力产业。政府应该紧密联系市场，根据市场风向来培育和塑造品牌，坚持"健康"与"绿色"的发展观念，将潜在的资源挖掘出来，同时还要扩大特色农业规模，加大农产品的宣传力度与推广力度；加快推进农产品产地市场的体系建设，做好农产品的存储、分拣、装卸、配送等工作，提高农产品的附加值和市场竞争力。

第三，结合区域产地的独特环境，开发极具地理特色的优势产业。政府要立足区域独特的地理环境优势，将资源优势转化为产业优势，科学地选择和开发具有地理特色的优势产业，如燕山的板栗、烟台的苹果、川北的凉粉等，同时还可以利用技术创新，建设规模化、标准化的农业示范基地。

3. 加大监管力度，有效规范特色农产品市场

第一，实行农产品市场准入制度，对农产品的质量进行监督，有效地杜绝"瘦肉精"等质量问题，保证"舌尖上的安全"。农产品的上市销售必须经过专业机构的认证和检查。对于不符合国家标准的或不合格的产品，要坚决不允许其流入市场，政府应以"坚持标准，严格准入，开放市场，强制退出"为原则，被允许上市的合格产品按照规定，应当注明产地、生产者、保质期、产品质量等级等相关信息，如此农产品的质量问题才能得到有效保证。

第二，建立健全农产品质量监管体系。大型农产品批发市场、农贸市场等应建立规范的质量检测机构，制订产品检测计划，提高硬件设备检测的准确性。同时政府还要整合各部门的资源，加大对农产品质量安全抽查的执法力度，同时注意协调农产品监管机构的人员、设备、经费等。此外，在大型农产品批发市场或各检测机构还应设立农产品质量安全公示牌，公示农产品的名称、产地、产品质量等级、检测结果等内容。

第三，实行农产品质量安全责任追究制度。在农产品进入市场前，政府应当要求经营者对所经营产品的质量安全负责，以保护消费者的合法权益，维护良好的市场秩序。政府等有关部门应各司其职，提高震慑力，对不遵守农产品质量安全规则的人员，要按照规定依法进行处罚。

（三）多措并举，巩固农业支持保护力度

1. 多渠道筹资，加大资金支持力度

第一，巩固财政支撑，加大财政支农政策的执行力度。农村财政支农所占比例较低，政府应依据市场发展情况做出合理的资金安排。适当扩大财政投资政策的即期扩张效应及中长期的维护与推动效应，加大对农村的资金投入力度。要深化农村费税体制改革，增加农民可支配收入，减轻农村企业或农户的非税负担。与此同时，政府还应适时调整好财政政策，通过增加民间或企业的投资，来减轻农村对政府的依赖，促进农村经济步入健康循环发展的轨道。

第二，完善金融支撑。除积极的财政政策外，政府还应发挥政策性银行的政策导向作用，积极改善农村的融资环境，同时还要加强对金融产品的管理，避免管理人员为提高绩效滥用职能或欺诈农民。政策性金融机构应加强与政府发改委、财政局等机构的交流，实行信息共享机制，做好金融资源和信息的协调整合。

2. 多层次科技融合，发挥科技振兴的作用

第一，与高校建立联系，各取所需。其一，农村的发展归根到底是农民的创造活动。在农业知识方面，农技人员具备较强的理解力，想法新颖，接受水平也远远高于一些普通农民。在农业的生产过程中，创新型农技人员可以更顺利地引进新技术、新产品、新机器，促进农业的转型和升级。其二，农技人员具有较强的掌握能力，能解决农业生产中的技术难题。其在接受培训后，能快速准确地解决好一些问题，这在很大程度上保证了粮食的产量，提高了农民的生产效率。其三，建立产学研合作的关系。这意味着把生产、教育与科研结合起来。企业、高等院校及科研单位等应将自身的资源优势集合起来。

第二，鼓励企业内部自主创新。首先，完善技术创新激励机制，健全企业创新体系。企业应当从提高科技创新能力入手，不断研发竞争力强、市场前景广阔的先进技术成果，为企业制定核心技术创新的目标和规划。为鼓励企业的自主创新，政府相关部门应创造一切条件对此行为进行保护，同时还应采取直接或间接的资金激励的方式来加大对企业技术中心的扶持力度。企业可以采取物质激励的手段，最大限度地提高研发人员的工作积极性。

第三，积极引进外部先进技术。从实际情况来看，积极引进外部先进技术是一种投资少、见效快的提高本地区技术水平的途径。政府可在新技术引进之后，进行新技术的消化与再创新，应当避免短期化思想，从长远发展的角度来考虑，在满足于引进外部优秀技术带来的短期经济效益时，不可停滞不前，还要投入比以往更多的时间、精力和资金进行后续的技术研发。

3. 全方位健全产业振兴机制，营造制度振兴氛围

第一，建立健全城乡融合发展体制机制。政府要坚持以整体谋划、重点突破、因地制宜、循序渐进、共享发展为原则，以城乡全面融合、共同富裕为目标，推动人才、土地、资本等要素的双向流动，为乡村振兴注入新动能。

第二，建立城市人才入乡激励机制和人才保障机制。政府要善于挖掘本地区的优秀人才，并且为优秀人才的回乡之路做好后续保障工作，让他们在农村看得到发展和希望。同时鼓励高校毕业生参与基层管理工作，为农村注入新的活力。

第三，加快推进农村金融组织体系的健全。政府应当加快完善金融组织体系，通过金融机构分工协作、推动金融互联网平台的建设、鼓励小额信贷公司转型等措施，优化金融服务机构的技术水平，加强农村信用环境的建设。

（四）突出产业集群效应，确立独特的核心竞争力

1. 重点培育区域龙头企业，发挥标杆企业的引领作用

首先，政府应因地制宜地选择该地区有产业联系的中小企业，将其聚在一起，以企业收购、兼并、融资、控股等为手段，尽可能地使其成长为具有一定规模的大型骨干企业，从而进行集中扶持。

其次，在龙头企业形成之后，政府应继续跟进企业农产品加工的各个环节，有选择性地对其进行帮扶，同时对龙头企业提供培训服务，督促龙头企业引进新技术、新工艺，更新生产设备。加大金融支持力度和优惠力度，在外联市场，内联基地和农户中，建设标准化的基地，同时还要学习运用先进的信息技术，建设网上交易城、电子商务平台和物流配送中心等。

最后，政府要通过订单的方式，使企业与农户形成一个相对稳定的生产销售关系，促进农业的转型升级，推动产业化、规模化的现代化农业生产的发展。

2. 深度整合集群资源，汇聚规模经营优势

第一，建立权威的行业协会，提供社会保障服务。产业集群的优化和升级，离不开权威行业协会的建立。在建立农业协会等服务机构时，政府要发挥相应的规范引导作用，对农业的发展给予大力支持，积极鼓励引进先进生产技术和管理模式，利用农业信息网络实现数据资源和信息资源的共享，以促进农业产业的结构优化和升级。

第二，积极鼓励农户参与建立专业化生产基地。政府应充分发挥农户的作用，允许其以资金或土地等要素参与入股，进而提高农户的利益，满足其经济诉求，提高其积极性，增加其基本收入。同时要鼓励农户建立专业化、标准化、

规模化的生产基地。龙头企业和广大服务性的行业协会要发挥带头和引领作用,促进技术的推广,从而更好地促进农业的现代化发展。

3. 建立规范的土地制度,积聚蓄势待发能量

第一,合理有序地推进土地流转工作。政府应以农民自愿为前提,积极引导和鼓励农民将分散的土地转移到新型农业经营主体手中,通过政府补贴、扶持、租赁、入股等,激发农民参与土地流转的积极性。

第二,推进土地承包经营权有偿退出机制的建立。探索土地承包经营权有偿退出机制,可以使农田得到充分合理的利用,提高利用率,从而促进现代化农业经营方式的转变。政府应妥善处理农村承包地,将土地经营权有偿退还给集体或是给到真正种地的人手中,但要注意帮农民算好"三账"——离农账、进城账和后路账,严格按照程序执行,顺应农民意愿,从而切实维护好农民的利益。

第二节　生态振兴

一、建立和完善乡村生态振兴制度体系

自党的十八大以来,我国在构建生态文明体制机制与制度体系方面取得了巨大成就,如调整并设立了生态环境部、自然资源部,实施了最严厉的环境保护法,开展了中央环保督察等。但伴随乡村振兴战略全面推进和深入实施过程中出现的新情况、新问题,面临的新形势、新要求,我国迫切需要从制度设计层面围绕乡村生态振兴这一核心任务,加强对相关的法律、法规和制度体系的建立与完善工作。

(一)科学制定生态振兴发展规划

要推进乡村生态振兴,就应当系统地规划生态振兴发展的思路、原则、目标、步骤和任务。从乡村生态环境本身来看,其涉及许多内容,不仅包括生产方面的环境问题,如农业化学品的投入等,还包括居民生活方面引发的环境问题,如农村生活垃圾等。因此,针对乡村生态振兴所需要关注的核心问题和关键环节,在国家《乡村振兴战略规划(2018—2022)》的基础上,政府应科学地制定具有前瞻性、先进性、指导性和可操作性的乡村生态振兴规划,各地也应依据区域经济社会发展和农村地区的特点,设计地方生态振兴规划的实施方案,明确乡村生态振兴各项工作的开展时间,确保我国乡村生态振兴发展有序推进。

（二）不断完善生态环境制度体系

具有公共产品特性的乡村生态资源与环境，其建设与发展需要强有力的制度保障。可以说，完善的生态环境制度体系是顺利推进乡村生态振兴的必要条件。为此，结合制度功能和作用特点，分层分类地研究和制定与乡村生态环境特性相吻合的制度，不断完善制度体系，将显得十分必要。结合农业生产与农村经济社会活动的特点，政府需要在以下方面制订相应的制度规则。第一，完善生态法规，包括耕地质量保护，小流域、小湖泊、小池塘治理，农膜及农药化肥包装物回收，农村生活垃圾分类，土壤污染防治等法规。第二，完善激励政策，包括保护性耕作，秸秆资源化利用，畜禽粪污循环利用，测土配方施肥等一系列农业绿色生产补贴制度等。第三，健全市场机制，包括生态补偿、清洁生产、环境治理费用分摊等机制。第四，建立监督机制，包括化肥、农药等农业投入品减量，病死畜禽无害化处理等监督制度。

二、倡导农村生产生活消费绿色化发展

绿色发展和发展的绿色化是一场涉及生产方式、生活方式和消费方式等诸多方面的重大变革。切实推进农业农村发展方式的绿色转型，是实现乡村生态振兴与促进生态文明发展水平提高的重要举措。作为乡村生态振兴、美丽乡村建设事业发展中最广大、最根本和最直接的关联主体，以利益分享为导向来动员和激发广大农村群众树立绿色发展理念，进而使其以不同形式或在不同维度的不同环节中积极参与乡村生态振兴的工作，对加快实现乡村生态振兴和共享美丽乡村发展成果意义重大。

（一）坚持农业绿色生产

粗放的农业生产过程（如过垦、过牧等）和高投入的农业生产方式（如高肥、高药、大水漫灌等）是导致农业生态环境损害、农业水土污染尤其是资源污染的重要原因，这严重影响到农业的生态环境安全、粮食安全和可持续健康发展潜力。坚持资源节约型和环境友好型的"两型农业"发展，是绿色农业生产发展的重要方向，也是乡村生态振兴所需要关注的源头与关口。为此，从系统论的角度出发，农民应当在农业生产和物质财富创造的过程中，通过技术创新和绿色技术的应用，发展和推广农业绿色生产方式，包括减少化肥与农药用量、全方位开展测土配方施肥、实行秸秆资源循环利用、推进清洁养殖和畜禽粪污无害化处理等，来构建优质高效、良性运转的农业生态环境系统，为乡村生态振兴和全面发展奠定坚实的基础。

（二）倡导绿色生活方式

以人为本的经济社会发展才是最科学、最基础的发展，而绿色低碳的生活则是为了人类追求的可持续发展。在工业化的社会里，虽然科技进步提供了更加多样化、便利化的生活消费品，但这些生活消费品，都是对生态环境资源的开发利用，这种开发利用过程与人类的生产生活联系紧密。单纯从降低资源消耗和环境损害程度的角度出发，倡导绿色低碳的人类生活方式、构建与生态环境的正向反馈，便成为人们所必须遵循的基本准则。为此，在广大农村地区开展生态教育，使农民树立绿色理念，自觉培养绿色、环保、低碳、可持续的生活方式，就显得十分必要。在具体的措施方面，政府可以动员村民通过增强主人翁意识，主动参与社区和房前屋后居住环境的绿化、美化工作，自觉开展垃圾分类工作等，从而打造绿色整洁的人居环境。

（三）促进消费领域绿色化

近年来，随着经济社会的发展和农民收入水平的提高，农村居民的生活水平不断提高，工业化、便利化、奢侈化和高消费的生活产品大量进入寻常百姓之家，这导致生活消费垃圾越来越多，尤其是难以降解的固体生活废弃物的种类和数量不断增加，严重污染了农村的生态环境，并给农村的环境治理带来了严峻的挑战，也给农村居民的生产、生活和生存环境带来了巨大的不利影响。长此以往，人们的幸福感会降低。这就需要政府从内在的心理机制建设入手，着眼长远发展来倡导消费方式的绿色化。通过强化绿色消费理念、劝导绿色消费行为来减少人们对各类物质生活资源的高度依赖，为从根本上改善农村生产生活环境奠定基础。为此，政府应加大相关制度的建设和绿色消费氛围的营造力度，如鼓励农村居民使用高效节能产品，开发利用可降解、可重复使用和可回收的各类消费产品，提倡资源节约和环境友好的消费方式，切实维护并努力构建美好的农村生态环境。

三、培育并做大做强农村生态产业

从客观条件和现实发展来看，乡村生态振兴是一个系统庞大、环节繁多、内容复杂的系统工程，政府应当注意多元要素的整合与结构优化，加强关联环节的有机衔接与有效协调，按照系统开放的思维，推进生态资源环境与经济社会发展相互协调，做好生态产业化和产业生态化的生态经济各项工作。政府通过农业农村绿色发展多重功能的充分发挥，加强"绿水青山"与"金山银山"

关系的充分耦合与无缝对接，确保农村的发展能够与良好的生态环境建设与生态产业协调发展，实现生态与经济的双重振兴。这就需要政府将农业的多功能性与农业农村的新业态、新模式、新产业的发展融合起来，促使农村生态产业做大做强。

（一）加强农村生态产品的开发

生态产品是最富有价值的高档产品，尤其是在生态资源日益短缺和人们对环境福利不断追逐的情况下，更是如此。依据生态与经济的关系和当今生态经济的发展状况，我们可以说，"保护生态环境就是保护生产力，改善生态环境就是发展生产力"。如果将"良好的生态环境就是最普惠的民生福祉"这一具有丰富哲理的观念纳入并使之指导人们的日常活动，那么就意味着人们的所有行为都应当有利于农村生态资源的保护与开发，如利用优美的自然环境、清爽的田园风光、多样的地容地貌、洁净的水气土壤等生态资源，来大力发展生态产业，如观光旅游农业、休闲采摘等，从而不断开发生态产品，如绿色和有机农产品以及具有生态服务和康养保健功能的相关产业等，着力推进生态产品的价值转化，使之在不断满足人民群众对丰富物质与美好精神生活的向往与追求中，促进农村的产业兴旺发达与经济繁荣发展。

（二）推进农业碳汇产业的发展

农业的多功能性，尤其是所具有的生态功能使农业拥有了内在的生态属性，而这种属性可以在市场化的条件下，物化成生态产品并服务于人类社会。进入20世纪以来，工业化和城镇化的快速发展，产生了大量的温室气体。因温室气体排放所引起的全球气候变暖，成为当前人类社会可持续发展所面临的严峻挑战。为此，我国政府庄严承诺要在2030年前实现碳达峰、在2060年前实现碳中和的"30·60"双碳目标。而基于植物的光合作用的原理，使农业（主要指种植业、草业和林业等）生产和植物生长在形成生物产品的过程中，天然地具有了碳汇功能，可以将大气中的二氧化碳汇集起来。这就意味着在应对气候变化和推进碳中和目标实现的过程中，农业的碳汇功能具有很大的展示空间。为此，充分利用市场机制，促使农业碳汇功能的价值实现，逐步做大做强农业碳汇产业，将成为未来的重要发展方向。所以相关人员应该对此进行深入研究和系统开发，促使其快速发展。

（三）形成农村全产业链发展格局

在现代经济社会的发展中，高度的社会化分工意味着产业之间高度的相互关联和互相依赖。农业生态系统、生产系统和产业系统的高度融合，也意味着农业生态链、产品链、产业链和价值链的相互衔接和不可分割。充分利用这一特性，推进农业全产业链的发展，将会形成一个宏大的生态经济规模。如政府依托乡村自然风光和良好的生态环境以及作物生长等，开发利用自然资源与传统农耕文化，发展美丽的自然经济，加快生态元素与农业旅游、乡村旅游、休闲康养等产业的融合，通过发展"第一产业＋第二产业＋第三产业"，将乡村的生态资源优势充分地发掘和展示出来，以物化的形式形成农业产品，进而利用市场机制，促使价值链条不断延伸，最终打造出一个具有乡村特色的"生态产业链"与"生态价值链"融合发展、高效运行的全产业链经济系统。

（四）建设和美化乡村生态宜居环境

推进以人为本的乡村振兴，生态宜居则成为评判的关键指标。因此，在以人居环境整治、美丽乡村建设为主要任务的生态振兴路上，政府应当将长期以来在乡村经济社会发展中所存在的较多关注经济发展指标、较少注意生态环境尤其是人居环境建设的现象进行调整，将农村的物质文明、精神文明与生态文明建设有机地整合在一起，按照人与自然和谐统一的要求，切实补齐农村环境治理的短板，尤其是要在农村生活垃圾分类处理、生活污水回收利用、厕所环境分类改造、村容村貌整洁亮化和村落规划科学合理上下功夫。从村落形成与发展演变的进程来看，伴随着工业化、城镇化的快速推进，农村产业结构与人口结构不断发生变化，这使农村人居环境的整治和乡村生态宜居环境的建设绝非一朝一夕的工作，而是需要进行系统性谋划、可行性论证和阶段性实施的，既是攻坚战，也是持久战。毫无疑问，伴随着农业农村的现代化建设，生态宜居乡村建设需要与其同步推进和协调发展。

（五）提升农村生活垃圾的治理水平

在社会化分工日益细化和工业化生产日渐高效的情况下，许多生活消费品大量进入农村居民家中，产生了大量的生活垃圾，如各类化学合成性的包装材料等。其虽然便利了居家生活，却由于与许多食品残羹、根茎叶蔓、果壳果皮等有机废弃物混杂在一起，在无序堆砌、随意堆放的情况下很容易造成农村环境的严重污染。尽管近年来农村垃圾治理水平有了显著提高，但垃圾的分类处理与回收利用进展缓慢，部分偏远闭塞村庄仍广泛存在房前屋后、路旁渠畔、沟道河边垃圾随意乱丢乱堆的状况，即使收集起来的垃圾的处理方式也大多以填埋为主，很多时候并不能将其循环或再生利用。这就需要政府制定和采取有效的治理措施：如在硬件条件上，修建农村垃圾集中、分类和无害化处置设施；在软件条件上，通过进行生态教育和制定村规民约等方式，树立垃圾分类理念，培养村民养成垃圾分类的习惯，增强其对人居环境的保护意识，进而逐步改善农村生活垃圾围村围庄的不良现象。

（六）加大农村污水治理的条件建设

传统乡村生活中的污水数量较少，就地入渗和自然消解也较为容易。但在目前生活方式日益现代化的背景下，农村家庭日常生活资源消耗所带来的生活污水的数量日益增大，加上人们为了便利而使用的化学工业清洁用品也含混其中，如果不能将其进行有效的处理，那么便会导致乡村水土环境的恶化。从污水处理的科技水平来看，降解和清洁化处理生活污水的技术已相当成熟，只需在硬件设施的建设上尽快补齐农村生活污水治理的突出短板，就可以将污水的处理真正落实了。为此，政府应依据不同地区农村居民居住环境条件的差异性，因地制宜地探索适合各地农村生活污水治理的有效模式，构建多渠道投融资机制，统筹好污水治理中的管网建设、维护、投资和运营工作，建立责任明确、运管协调、齐抓共管的长效机制等，促使农村污水治理水平不断提升。

（七）建设农村亮化、绿化、净化和硬化工程

生活宜居和宜居生活除了讲求人与自然环境和谐共生的生态观以外，还涉及对人们现代生活方式和生活条件的改观改良，以及对现代物质要素的合理导入。可以说，乡村生活宜居是一个现代生态文明与现代物质文明有机融合的统一体，而非相互排斥和自我独立的。这就需要政府借助工业物质文明的发展成果，利用居家村落的地形地貌，因地制宜地实施和推进农村亮化、绿化、净化和硬化等工程的建设，促使农村电网、路网、水网、排污管网等相互贯通，通过电网改造、植树造林、道路硬化、管网（包括供水、排污、燃气、信息网络等）铺设等一系列的具体措施，不断改善农村居民的生活环境，从而有效地提高农村居民的生活质量，让乡村环境在既具有自然生态，又具备现代物质软硬件的和谐氛围里，为人们过上幸福的乡村生提供良好的外在基础。

第三节　人才振兴

目前国内的城乡发展依旧不平衡，农村人口与城市人口之间的贫富差距成为制约达成全面建成小康社会以及实现"全体人民共同富裕"这一目标的一大短板。党的十九大报告提出了乡村振兴战略的重大部署，但是乡村振兴战略的落实不仅需要财力与物力的支撑，而且需要人才资源的大力投入以及与财力、物力的良好联动作用。产业兴旺需要人才的推动，有效治理要以人为主导，生态环境要靠干部的治理，乡风文明要靠人才来塑造和传承。因此，推进乡村振兴战略必须先实现人才的振兴。

实现乡村人才振兴，必须从多个维度进行综合考虑。第一，加快农村基础设施建设，推进城乡融合发展；第二，加大对以新型职业农民为主导的农村实用人才的培育力度；第三，积极发挥村三委及村党员的核心作用；第四，积极吸纳返乡就业、创业人员参与乡村振兴；第五，为乡村吸纳更多的乡村教师、医生等专业人才；第六，在乡村振兴中进一步补齐农业科技人员的短板。

一、加快农村基础设施建设，推进城乡融合发展

农村高素质人才流失，外来人才不愿意留下，一部分原因在于农村生活条件差，基础设施建设不足。不论是农村公共设施建设还是交通医疗服务体系建设，都需要加快步伐以满足农村居民的基本需求，进而支撑人才振兴。加快农村基础设施建设，需要进行农村生活垃圾的分类与处理、农村生活污水的治理、农村卫生厕所的改造、村容村貌的提升、村庄的规划分类等。政府需要依据农村所在地区的地理特性及发展需求建设农村交通网络，实现村村通、城乡通，铺设村道乡道，从而为农产品的向外输送提供便利条件，促使各级产业实现有效配合。在建设好乡村道路的前提下，将城乡巴士引入乡村，拉近城乡的距离，使农村的人们也能享受便捷的交通。此外，政府应为乡镇配置公路养护单位，实现乡村公路的有效管理和保护，延长公路使用寿命。在医疗方面，政府要加快建设乡村医院，保证基本医疗设施的齐全。要推进卫生院服务标准化建设，以改善医院条件。要提高医疗服务水平，开展家庭医生签约，普及农村医疗保险和夯实基本公共卫生服务。除此之外，政府还应全面保障生产性基础设施的建设，如水利灌溉工程的建设、农村电网线路的铺设、通信网络线路的铺设，以保证人们日常生活中全天候的自来水供应及用电供应，密集建设通信网络的

信号基站，保证乡村网络信号畅通等。加快农村基础设施建设，为选择农村、建设农村的人才提供生活上和工作上的便利，将城市的诸多便利条件逐步引入农村，使农村可以在基础设施建设上追赶城市，进而可以吸引人才，留住人才。

二、加大对以新型职业农民为主体的农村实用人才的培养力度

在乡村振兴中，以新型职业农民为主体的农村实用人才在其中发挥着非常重要的作用。从当前来看，政府应该从以下几个方面来加强对以新型职业农民为主体的农村实用人才的培养。

首先，继续加大对新型职业农民的培养，在乡村振兴过程中围绕产业兴旺的具体要求，加大对新型职业农民的产业发展实用技术的培训，可尝试采用线上和线下两种模式来使他们掌握更多的实用技术。

其次，发挥农民专业合作社、家庭农场、各类农村协会的示范作用，鼓励村庄内部自治组织参与新型职业农民的培养工作，让农业新型经营主体成为新型职业农民培养的有效力量和重要载体。

再次，在培养新型职业农民的过程中，政府可尝试采用积分制的形式，按照不同的积分在农业发展方面给予他们相应的优惠，进而提高职业农民参与农业发展的积极性。

最后，在乡村振兴中，政府应充分发挥新型职业农民的辐射带动作用，建立新型职业农民协会，吸纳更多的农民加入，使这部分农民转型成为新型职业农民。

三、积极发挥村两委成员及村党员的核心作用

在乡村振兴中，村两委（村党支部委员会、村民委员会）成员及村党员在其中发挥着核心引导的作用。从乡村发展的各个方面来看，村两委成员及村党员都是引路人。从乡村振兴的实践来看，政府应该从以下几个方面来进行强化。

首先，不断加强村两委人员的职业化培训，将村两委人员的职业化培训作为今后建立基层组织的有效措施。可以先在部分地区建立试点，让乡镇干部担任村党支部书记，从而提升村两委人员的整体素质。

其次，适当提高村两委人员的待遇，特别是工资水平。可采用基本工资加绩效的形式，将绩效工资与村庄每年的综合考核结合起来，从而提高村两委人员的工作积极性，在某些地区，可尝试让村干部到县乡政府部门挂职锻炼，通过行政化手段来提高村两委人员的工作能力。

最后，充分发挥好农村党员在乡村人才振兴中的带头作用，通过党员联系群众的方法，在行政村设立党员议事制度等，从而为党员积极参与村庄治理提供有效的平台和机会。

四、积极吸纳返乡就业、创业人员参与乡村振兴

在乡村振兴中，返乡就业、创业人员作为一股新的力量在其中发挥着重要的作用。利用好这一部分人的力量可以为乡村振兴注入新的血液和活力，促进农村产业发展和社会生活形态的多样化发展。为此，政府需要从以下几个方面来强化其政策引导作用。

首先，进一步细化对返乡就业、创业人员的支持政策，尤其是在就业的岗位设置、行业人员的准入等方面制定精细的政策，根据地区实际发展情况在贷款、税收方面给予创业人员较为科学、合理的优惠政策。其次，注重返乡大学生的就业与创业，返乡大学生作为乡村振兴中的新鲜血液，是乡村振兴中难得的人力资源。在乡村振兴中，部分地区可以尝试让返乡大学生担任乡村振兴工作的专职人员，使之配合村干部做好相关工作，将其作为乡村振兴中的重要力量进行培养，各地应结合地方实际需求和发展情况制定一系列促进大学生反哺乡村振兴的重要政策和措施。最后，在部分涉农高校设置乡村振兴班，采取地方政府与高校合作的方式，有针对性地对返乡就业、创业的大学生进行与乡村振兴相关的技能培训，从而为乡村振兴培养专业化的人才。

五、为乡村吸纳更多的乡村教师、医生等专业人才

以教师、医生等为代表的专业人才也在乡村振兴中发挥着非常重要的作用，这部分人员是乡村振兴中提高农村公共基础服务能力，提高乡村教育质量和医疗卫生条件的重要力量。在乡村振兴中发挥好这些人员的作用需要政府从以下几个方面来进行有效的政策改进。

首先，在现有工资水平和福利待遇的基础上，继续提高乡村教师、医生的工资水平，提高其福利待遇，保证每个地区乡村教师和医生的数量，减少其流失的数量。

其次，国家和政府可以在大学生中设置乡村教师和医生专项计划，免除从事乡村教师和医生等职业人员的学费。除此之外，为了支持乡村振兴，可以实行县市层级教师、医生与乡村教师、医生定期轮换的制度，将城市的先进教育理念与医疗技术传播到乡村，从而促进乡村的发展。

最后，可以在现有体制和政策环境下，通过制订针对乡村教师和医生的专项计划来吸纳更多的相关人才，促进乡村专业化人才的发展，提高农村教育、医疗卫生事业等农村基本公共服务的质量，缩小城乡差距。

六、在乡村振兴中进一步补齐农业科技人员的短板

农业科技人员是促进农村产业发展和实现农业增产、农民增收的重要力量。从农村产业兴旺的视角来看，农业科技人员在其中发挥着重要的作用。政府应该从以下几个方面来进一步优化农业科技人员的队伍建设。

首先，要优化农业科技推广人员队伍，为每个行政村配备1～2名农业科技人员，负责村庄农业科技的推广；可以培养越来越多的年轻人参与农业科技服务，使其队伍更加合理化、科学化。

其次，将农业科技人员的发展与农业社会化服务结合起来，采取购买服务的模式来鼓励体制外的人员参与农业科技的推广，从而组建体制内和体制外相结合的农业科技推广队伍。

最后，在乡村振兴中，针对农业科技推广人员的现实状况，可以将农民专业合作社、农业协会、农业公司的专业技术人员纳入农业科技推广的队伍建设中来，从而摆脱现有农业科技推广队伍人才缺乏和知识更新滞后的困境。

综上所述，人才振兴既是乡村振兴的重要方面，也是乡村振兴的短板。随着脱贫攻坚工作取得的巨大成功，中国农村将全面进入乡村振兴阶段，而在此过程中，人才振兴将成为未来乡村振兴需要破解的难题和需要关注的重点问题。从当前乡村振兴的实践来看，如何发挥好农村实用人才、返乡就业创业人员、农业科技人员、村三委及党组织带头人、农村教师和乡村医生等在乡村振兴中的作用将是未来人才振兴需要解决的现实难题，需要国家围绕乡村振兴的宏观战略制定符合各类人才发展情况的微观政策。从各个地区人才振兴的实践来看，已经进行的相关尝试已收到了良好的成效，但仍需要积极探索人才振兴的有效模式和机制，从而发挥好人才对乡村振兴的助推作用，确保乡村发展的高质量。

第四节 制度创新

党的十九大报告做出了实施乡村振兴战略的重大决策部署。中央农村工作会议进一步强调，走中国特色社会主义乡村振兴道路，必须巩固和完善农村基本经营制度，走共同富裕之路。农村基本经营制度是党的农村政策的基石，是

乡村振兴的重要制度基础。实施乡村振兴战略，要着眼共同富裕的目标要求，要在坚持农村基本政策的基础上，大力推进制度创新，强化制度供给，激发乡村发展活力，进而探索中国特色城乡发展的新路径。

一、深化农村土地制度改革

土地是农村最大、最具发展潜力的资源。农村土地制度是乡村振兴最重要的制度支撑。随着工业化、城镇化的快速推进，大量农村劳动力转移进城，中国产业结构和就业结构发生了巨大变化，农业增加值占 GDP 的比重由 1978 年的 27.7% 下降到 2016 年的 8.6%，农业就业人数占比由 1978 年的 70.5% 下降到 2016 年的 27.7%。深化农村土地制度改革要考虑双重前提。一方面，实现"四化"同步发展要求继续将农村富余劳动力从土地中解放出来，转移至非农产业，促进农业劳动生产率与国民经济结构优化同步增长。另一方面，中国城镇化进程表现出典型的阶段性和区域性特征，内陆地区城镇化发展水平的历史和现实表现都明显不如沿海地区。从历史上看，明清之际，工商业发达的江浙地区市镇化率已达近 14%，高于 7% 左右的全国平均水平。现阶段，江浙地区的城镇化率为 67%，上海更是高达 87.9%，而贵州、云南等地则不到 45%。对于大量仍然留在农村的居民来说，农村不仅是他们的生产场所，更是他们的生活场所，因此土地安排必须保持一定的灵活性，以保障农民的发展权利。实施乡村振兴战略，巩固和完善农村基本经营制度，要以"三权"分置为统领，不断完善和创新多重约束下的农村土地产权制度。

（一）坚守底线

坚持农村土地集体所有，坚持家庭经营的基础性地位，是一切制度创新的前提和出发点，也是农村土地制度改革的底线。农村土地属于农民集体所有，这是农村最重要的制度，必须坚持不可动摇。实践反复证明，农村土地集体所有、家庭承包经营是符合中国国情农情的最优制度设计，不仅支撑了工业化、城镇化的快速发展，而且有利于确保广大农民群众可以平等地享有基本生产资料，实现共同富裕。政府要进一步探索建立健全集体经济组织民主议事机制，确保农民集体能有效行使集体土地所有权，充分发挥其在组织建设农田水利基础设施、促进土地集中连片经营、主导土地平整改良、监督土地使用等方面的重要作用。要切实维护农民的土地承包权益，继续完善承包经营权的权能内容，健全承包合同取得权利、登记记载权利、证书证明权利的确权登记制度，强化承包经营权的物权化保护。

（二）稳定预期

党的十九大报告做出了第二轮土地承包到期后再延长30年的重大决定，这顺应了社会实践的发展需要，符合广大基层干部和农民群众的期待，为乡村振兴提供了长效的制度保障，体现了鲜明的中国特色和中国智慧。第二轮土地承包自2023年起将陆续到期。明确土地承包到期后再延长30年，可以给亿万农户吃上定心丸，使他们可以放心进城务工。流转土地经营权，多途径增加收入，可以给新型经营主体提供稳定的经营预期，使他们可以放心投入，改良土壤，提升地力，建设农田基础设施，大力发展现代农业，为农业农村现代化提供更强劲的动力。契合战略节点。新一轮承包期起点从二轮承包到期算起，再延长30年就是到2050年左右，这与实现"两个一百年"奋斗目标的战略构想高度契合。新一轮承包期的起点正是全面建成小康社会之时，期满点则是建成现代化社会主义强国、实现中华民族伟大复兴的"中国梦"之时，其历史节点和标志性意义重大。将新一轮土地承包期确定为30年，既可以使农村土地制度的安排保持连续性、稳定性，又可以给城乡关系、工农关系深刻调整后新的法律政策的制定提供一定的空间和时间节点。在当前和今后的一段时期内，各部门应重点做好承包地确权登记颁证等基础性工作，抓紧研究制定土地承包到期后再延长30年的具体办法，确保政策衔接、平稳过渡。

（三）提高效率

"三权"分置的制度框架使土地经营权得以突破传统村社社区限制，在更大范围内实现市场化配置，为引入先进生产要素、推动现代农业发展提供了制度前提。随着土地经营权流转规模的扩大，户均不到8亩地的2.3亿承包农户中30%已全部或部分地将承包地流转出去，不再从事农业生产。在江苏、浙江等省份，流出土地的农户比例接近50%，在北京、上海更是分别高达53%和79%。农村土地经营格局已经由传统的家家包地、户户务农向承包小农和经营大农并存转变。"三权"分置为农地制度创新提供了中国方案和中国范式。作为一种根本性、长远性的制度安排，其也需要不断地完善和发展。要充分考虑各地资源禀赋和经济社会发展的差异，尊重农民的意愿，探索土地流转、服务托管等多种放活土地经营权的形式，从而实现"农地农民有、农地农业用"。要赋予新型经营主体利用土地发展农业生产所必需的各项权利，鼓励土地的集约利用，充分发挥其农业生产要素的功能，既提高土地产出率，又保障务农者的劳动收益和收入水平。要立足于大国小农的基本国情农情，既鼓励各类新型经营主体发挥在应用新品种、推广新技术、开拓新市场、践行新理念等方面的优势，又要兼顾农民个体的发展权利，制定兼顾多元目标的扶持措施，提高农业发展质量和大国农业竞争力。

二、完善现代农业经营体系

家庭农场、农民合作社、农业产业化企业等各类新型经营主体是实现乡村振兴的重要力量。培养新型经营主体，健全农业社会化服务体系，构建现代农业经营体系，不仅关系到谁来振兴乡村的问题，而且关系到怎样振兴乡村的问题。适应高质量发展的时代要求，实施乡村振兴战略，必须深化农业供给侧改革，走质量兴农之路。深入推进农业供给侧结构性改革，加快培养农业农村发展新动能，要充分发挥新型经营主体在引领农业结构调整、发展新产业新业态等方面的重要主导作用。要着眼于创新资源组合方式、主体联结关系，把握新型经营主体发展的典型特征，加快健全现代农业经营体系。

（一）多元融合

区域间经济社会发展的不平衡、农业资源禀赋的多样性，决定了中国农业经营主体的多元化形成和发展路径，以及差异化的功能定位。据统计，目前全国纳入县级以上农业部门名录管理的家庭农场达48.5万家，其绝大多数是从土生土长的小农户发展而来的，以血缘、亲缘关系为基础，是直接从事初级农产品生产的主力军。农民合作社199万家，联系农民、组织农民、服务农民，是带动农户实现与现代农业有机衔接的桥梁和纽带。产业化经营组织超过41万个，其产权关系明晰、治理结构完善、管理效率较高，在高端化、品牌化、国际化农产品生产上发挥着巨大的引导示范作用。随着农村产业形态的拓展和产业链条的延伸，各类经营主体之间呈现出功能互补、融合发展的趋势，极大地提高了农业规模经营水平和劳动生产率。

（二）共享利益

新型经营主体之间、新型经营主体和农民之间呈现出鲜明的资源共用、风险共担、利益共享的发展趋势。目前，流转土地给家庭农场的承包农户户均流转收入1600元，参加合作社的农户户均增收1600元，农业龙头企业带动辐射农户户均增收达3500元。随着产业链条延伸、作业环节增加、分工分业深化，政府要继续健全新型经营主体之间、新型经营主体与农户之间的利益联结机制，实现农业生产要素的优化配置，从而促进农户与现代农业发展之间的有机衔接。

这是大国小农发展的必然选择，是带动农民走上共同富裕道路的基本路径，体现了富裕农民、提高农民、扶持农民的发展宗旨。要鼓励通过订单合同、合作制、股份制等多种形式的利益联结和组织方式，帮助新型经营主体和农户共享收益。要大力发展农业生产性服务业，通过在产前、产中、产后各环节提供统一服务，来带动普通农户走上现代农业生产的轨道。要使农民在生产经营、利润分配环节有更多发言权、收益权，在此基础上推进多元主体的可持续发展，最终实现共同分享工业化、城镇化和农业现代化发展红利的目标。

（三）规范有序

规模是规范的基础，规范是质量和声誉的保障。经过多年来的自我发育和政策支持，各类新型经营主体蓬勃发展，总体数量不断增加，规模不断扩大，成为建设现代农业的骨干力量。当前，新型农业经营主体正处于由数量扩张到质量提升的关键阶段。政府要把规范化建设作为促进新型农业经营主体可持续发展的"生命线"，一手抓发展、一手抓规范、一手抓数量、一手抓质量，把规范和质量摆在更重要的位置上。要在规范管理中做大做强，在做大做强中不断规范，从而建立健全支撑农业发展的现代农业经营体系。要高度重视调动工商企业等社会资本参与乡村振兴的积极性，引导他们有序地"上山下乡"。既要鼓励他们为农村带来资金、技术和管理等先进生产要素资源，带动广大农户共享现代农业发展成果，为乡村振兴注入强劲动力，又要加强准入监管和风险防范，避免出现"老板挤走老乡"、剥夺农民发展权利、侵害农民利益的行为。

三、稳步推进集体产权制度改革

推进农村集体产权制度改革，是实现乡村振兴的一个重要抓手，是典型的农村改革深水区和硬骨头。抓好这项改革，不仅有利于发挥市场在资源配置中的决定性作用，促进城乡要素的平等交换和双向流动，而且有利于增强农民的集体意识和文化认同，推进乡村治理体系和治理能力的现代化，为实施乡村振兴战略、实现农民共同富裕奠定产权制度基础。

（一）坚持根本

新中国成立后，农村经历了土地改革、农业合作化、人民公社化、家庭联产承包责任制等，形成了以党组织为核心、集体经济组织和村民自治组织共同发挥作用的中国特色乡村治理结构。在工业化、城镇化快速发展的背景下，农村人口大量转移，城乡要素加速流动，传统乡村秩序逐渐被打破，农民集体意识日益淡漠，乡村治理问题日渐突显。要想破解当前乡村治理的困境，就要充分发挥集体的作用，通过推进农村集体产权制度改革，建立起农民之间的利益纽带、情感纽带、互助纽带，增强集体的凝聚力和向心力，把"散"的农民重新"聚"起来。乡村振兴战略提出，要健全自治、法治、德治相结合的乡村治理体系，并进一步明确了这一制度创新的方向。一是在坚持党组织的领导下，明晰集体经济组织和村民自治组织的职能关系，进一步巩固和完善村民自治制度。二是在坚持公平的核心原则下，构建归属清晰、权能完整、流转顺畅、保护严格的中国特色社会主义农村集体产权制度，进一步巩固依法治国在农村的产权制度基础。三是在坚持集体所有制的前提下，建立符合市场经济要求的农村集体经济运行新机制，进一步增强集体经济的发展实力和活力，坚持物质、精神一起抓，为推进乡风文明和乡村治理奠定物质基础。

（二）明确路径

推进农村集体产权制度改革，必须培养系统性思维，做好整体谋划和顶层设计，明确改革的重点领域和关键环节，总体来说，要按照因地制宜、重点推进、先行试点、由点及面的方法步骤进行。各地经济发展水平不同，集体资产构成各异，农民群众诉求多样，这使农村集体产权制度改革很难用一套方案包打天下，因此政府必须因地制宜、分类施策，不搞齐步走、不搞一刀切。条件成熟的地区要率先推进改革，其他地区也可以从当地实际出发，探索资源变资产、资金变股金、农民变股东的具体途径。把握改革重点。农村集体产权制度改革事关广大农民的财产权益，情况十分复杂。推进这项改革，需要牢牢把握集体资产清产核资、集体成员身份确认、资产折股量化、股权设置管理等改革重点环节，着力解决集体资产股份有偿退出、抵押担保、继承等改革关键问题。在改革过程中，要充分尊重农民群众的意愿，把选择权交给农民，确保农民成为改革的参与者和受益者。农村集体产权制度改革有明确的时间表、路线图。为完成中央确定的2021年底基本完成股份合作制改革的目标，必须坚持先行试点、先易后难、由点及面、有序推进。现阶段，股份合作制改革的重点地区是有经营性资产的村镇，特别是城中村、城郊村和经济发达村。这是一个逐步扩面的过程，也是一个贯穿决胜全面建成小康社会的过程，我们对此要有坚定的信心。

（三）实现飞跃

改革开放后，我国废除了人民公社制度，开始实行以家庭联产承包为主的责任制，这是邓小平提出的农业改革的"第一次飞跃"，而更为重要的"第二次飞跃"，则是发展适度规模经营，发展集体经济。推进农村集体产权制度改

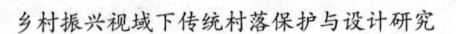

革与发展集体经济，通俗地讲，就是"分蛋糕"与"做蛋糕"。改革要分好蛋糕，也要做大蛋糕。通过改革，将经营性资产以股份或者份额形式量化到本集体成员，能够为群众参加集体收益分配提供依据，让群众能公平地分享集体经济这块蛋糕。但是，改革并不能直接增加农民的财产性收入，要想让群众分到手的蛋糕越做越大，根本上还是要靠发展壮大集体经济。在发展壮大集体经济这场长途跋涉中，发达地区出发早、办法多，已经在盘活用好经营性资产方面走出了多条有效的道路，确保了集体资产的保值增值，实现了利益共享、农民受益。欠发达地区虽然起步晚，但近年来通过推动资源变资产、资金变股金、农民变股东，也让农民在分享土地权益的同时享有了财产权益，从而找到了符合实际的集体经济发展路径。在实践中，有的地方利用集体"四荒"地、林场、水塘等资源发展现代农业项目，并将这些资源折股量化到本集体成员，如河南济源发展林地土地股份合作，实现了"资源变资产"；有的地方将各级财政补助资金形成的资产确权给集体经济组织，并量化为集体成员股份，如重庆、宁夏等地的财政资金股权化改革，实现了"资金变股金"；有的地方在尊重承包农户意愿的前提下，引导农户以其承包地经营权入股新型农业经营主体，如贵州六盘水发展多种形式的土地股份合作，实现了"农民变股东"。总之，壮大集体经济有多种路径选择，关键要立足实际、充分挖掘，探索出符合自身特点的道路。只有这样，才能为实现"第二次飞跃"提供坚强动力，为引领农民逐步实现共同富裕夯实物质基础。

第三章 乡村振兴战略的实现路径

推动乡村振兴战略必须围绕构建城乡融合体制机制这一核心,从发展理念、深化改革、要素市场、振兴产业以及公共服务五个方面,不断提高农业农村现代化水平,从而实现乡村的全面振兴。

第一节 坚持创新发展理念

发展是解决我国一切问题的基础和关键,相关部门应以发展促振兴,贯彻新的发展理念,坚持创新发展是国家发展的核心动力。乡村振兴战略正是贯彻新的发展理念的具体体现。创新理念贯穿于国家的一切工作中,创新是一切社会形态生存发展的动力,没有创新就没有发展,创新作为新发展理念之首,是指引和推进乡村振兴战略的第一动力,也是实现农业、农村、农民全面发展的驱动力。

一、理念创新是引领乡村振兴战略的行动指南

理念创新是对中国特色社会主义发展规律的新认识、新概括和新提升。乡村振兴战略的理念创新是在深刻总结国内外发展经验教训的基础上提出来的,是致力于破解农业农村农民发展难题、增强发展动力、厚植发展优势的治本之策,也是农村实现更高质量、更高效率、更加公平、更加可持续的发展的必由之路。

(一)理念创新始于乡村振兴概念的提出

乡村振兴战略是在十九大报告中作为一项战略被单独提出的,其重要程度可见一斑。习近平一直高度重视创新,经常从国家前途、民族命运和治国理政的战略高度来把握创新的紧迫性和必要性。乡村振兴战略正是在这种创新使命思维下提出的,是在历史、现实和未来贯通的时间思维下提出的重大创新发展战略。在坚持中发展,在继承中创新。有坚持,有继承,才能将过去、现在和未来联系起来;有发展,有创新,才会有现在优于过去、未来超越现在的前进

动力。乡村振兴战略创新理念的提出正蕴含着这样的历史辩证法，也是以习近平为核心的党中央创新使命思维的重大体现。

（二）发展理念的创新是乡村振兴战略的精髓

乡村振兴战略的发展理念是乡村振兴的行动指南，从十九大报告到2018年中央一号文件《中共中央国务院关于实施乡村振兴战略的意见》，再到2018年中央农村工作会议，概而言之，乡村振兴战略的实施有明确的发展理念创新和转变。

1.融合发展，重建城乡新关系

自十六届五中全会提出"城乡统筹发展"至十八大报告提出"城乡发展一体化"战略，城乡发展关系有了很大的突破。城乡发展一体化是基于特定发展阶段所提出的发展战略，其突出特点主要表现在以下几方面。

①强调外力的注入，如工业反哺、加大城乡统筹、缩小城乡差距等。

②强农、惠农、富农政策驱动。

③工业反哺农业、城市支持农村和多予少取的放活方针。

④突出基础设施和社会事业发展，改善农村生活条件等物质层面建设。

⑤坚持以工促农、以城带乡、工农互惠。

在全面建成小康社会的进程中，我国最大的结构性问题——城乡二元结构仍然较为明显，城乡之间发展不平衡的矛盾并未从根本上得到解决，农业、农村发展滞后仍是我国发展不平衡、不充分最突出的表现。

要解决我国城乡关系失衡的突出矛盾，当前最紧迫的任务就是进一步对城乡发展战略进行调整，即由过去的"城乡统筹"发展转变为"城乡融合"发展。重塑城乡新关系主要表现在以下几个方面。第一，认同乡村发展规律有别于城市，遵循城市和乡村各自发展规律，坚持城市和乡村两个发展维度，相向而行，空间融合。第二，在新的历史条件下，乡村振兴必然是开放的，不能局限于乡村内部的重建和提升，必须有城乡两端双重资源的集成整合，使城乡之间人、财、物等发展要素能够真正自由流动，平等交换。第三，乡村要获得高质量、高标准的发展，就要将城市对乡村的带动发展转变为融合共同发展，这要求城乡资源配置合理化、城乡产业发展融合化。在推进城乡融合过程中，最基本和最关键的要求是城乡之间必须实现全面融合和共同繁荣，进而逐步实现城乡之间的相互依存和共生共存。

2. 优先发展，补齐农业和农村短板

在要求城乡融合发展的同时，乡村振兴战略首次提出"要坚持农业农村优先发展"。不是同步发展，而是强调"优先"，优先的体现在于重点支持，着力缩小城乡差距，这需要在城乡间优先考虑干部的配备问题，优先满足资源要素的分配问题，优先保障资金投入的支持问题，优先安排公共服务的建设问题。

长期以来，大多数地方在发展过程中受传统城乡二元体制的束缚和影响，都把主要资源和精力投放到城市建设和工业发展上，这种重城轻乡、重工轻农的思想直接导致人们对农业农村发展的不重视、不积极、不热心，政策和措施保障也不健全。优先发展农业农村是中国特色社会主义的本质要求，"勤为政者，贵在养民；善治国者，必先富民"，农村农民有参与国家共建的责任和义务，也有共享全国发展成果的权利。乡村振兴必须以共同富裕、全面小康为目标，坚持农民共享发展，实现共同富裕。在新时期，政府应牢固树立农业农村优先发展的理念，从根本上改变重城轻乡、重工轻农的观念，使公共资源向农村逐步倾斜，以实现城乡居民占有资源的相对均衡，缓解资源配置不均衡的矛盾。政府在政策措施支持上应由城市偏向农村，真正保证农村农民在共建共享发展和乡村振兴中有更多的获得感、幸福感和安全感。

二、制度创新是实施乡村振兴战略的重要保障

乡村振兴战略的实施离不开制度的健全和完善。行之有效的机制支撑和健全的制度保障是乡村振兴战略实施的重要保证。制度创新能激发乡村振兴的潜力。从十九大报告到中央农村工作会议，国家在乡村振兴战略的实施方面从体制机制建立、政策体系完善、制度性供给等维度都有着新的高度、新的要求和新的探索。

（一）乡村振兴战略制度创新的新高度

我们梳理近20年来中央关于"三农"政策的变革发现，其变化表现在"三农"内在发展的过程方面，实质上也是"三农"融合的逐步过渡。从影响层面来看，政策多是局部性的、浅表性的，多是针对某一具体事项而提出的，而制度则是全局性的、根本性的；从时段性来看，政策多是阶段性的，而制度则具有长期性。十九大报告中关于乡村振兴战略的内容与以往报告最大的不同在于其政策性论述较少，更多的是制度性表述，尤其是涉及经营制度、土地制度、"三权"分置制度、治理体系等根本性问题，无论是在广度方面还是在深度方面，都充分表明中央对乡村改革的空前力度和实行乡村振兴的坚定决心。总体来说，关

于乡村振兴战略的论述，无论是在十九大报告中所凸显的高度，还是在系统性思维中所展现的广度，抑或是在乡村经营制度、产权制度、治理体系等制度性探索中所体现的深度，都意味着乡村振兴战略是站在新时代的高度来重新审视"三农"问题的。把握乡村发展规律、在乡村中植入内生动力、激发市场活力，解决思路逐步多元化，由单点突破到全面振兴，也是解决"三农"问题的新高度。

（二）乡村振兴战略制度创新的新要求

首先，从提出背景分析，十六大时期提出新农村建设的二十字"总方针"，实质是基于城乡矛盾不断激化提出的一种阶段性策略，根本的落脚点是使乡村更好地为城市服务；而十九大报告中所提出的新的二十字"总要求"则是在新时代下提出的新战略，根本遵循的是城乡共荣原则。其次，从具体内容分析，党的十六届五中全会提出建设社会主义新农村"生产发展、生活宽裕、乡风文明、村容整洁、管理民主"的二十字总方针，实际上是满足乡村发展的基本需求，是为对应全面建设小康社会的基本目标而设定的。十九大所提出的"产业兴旺、生态宜居、乡风文明、治理有效、生活富裕"的二十字总要求，从发展到兴旺，从管理到治理，从宽裕到富裕，从整洁到宜居，无不体现了乡村振兴战略在层次和要求上的升级。再次，从发展规划层面来看，乡村振兴战略发展规划的制定是从国家层面出发做出的战略性规划，其明确了到2020年全面建成小康社会的目标任务，特点在于要求各部门各地区在国家宏观规划布局下，细化工作重点和政策措施，避免一刀切，因地制宜地编制适合地方发展规律和特点的规划与专项方案。最后，从法律法规方面来看，乡村振兴战略的相关文件提出抓紧研究制定乡村振兴法律，把乡村振兴政策法制化。

（三）乡村振兴战略制度创新的新探索

制度建设贯穿于乡村振兴战略的始终，2018年中央一号文件首次提出要推进体制机制创新，强化乡村振兴制度性供给。乡村振兴的制度性供给主要在于激活市场需要，激活经营主体，激活要素资源，以产业制度的完善为重点，推动要素市场化的配置。其中，若干制度的创新和探索值得关注。第一，在深化农村土地制度改革中，要探索宅基地所有权、资格权、使用权"三权分置"制度。第二，在深入推进农村集体产权制度改革中，要积极探索农村集体经济新的实现形式和运行机制。第三，在完善农业支持保护制度中，要对我国三大重要的粮食作物——稻谷、小麦、玉米，探索实行完全成本保险并进行收入保险试点，加快建立多层次农业保险体系。当前，"三权分置"土地改革是乡村土地制度的重点，"农村集体经营性资产改革"是产权制度设计的重点。乡村振兴战略对制度改革的新探索，是要着力为制度改革的系统性、整体性、协同性和长远性打下坚实的基础。

三、发展动力创新是乡村振兴战略的主要力量

习近平在参加十三届全国人大一次会议时强调，乡村振兴战略需要迫切关注如何激发乡村发展的内生动力，唤醒广大农民的角色意识、建设意识和主体意识，充分发挥他们的积极性和创造性，让农民在乡村振兴工作中找到责任感，以及属于自己的那份归属感和认同感，从而脚踏实地地成为乡村振兴的主心骨和主力军。

（一）组织维度创新：打造党建引领乡村振兴的动力引擎

乡村振兴战略是党和国家的重大决策部署。实现新时代的乡村振兴，关键在于党建引领。乡村组织是乡村发展的坚实后盾，组织振兴是乡村振兴的动力引擎，也是党管农村工作落到实处的具体实践。实施乡村振兴战略，既离不开组织振兴，也离不开农村基层党组织这个战斗堡垒。坚持和加强党对农村工作的领导，在乡村振兴战略中确保党始终是总揽全局、协调各方的重要带头人。

中央一号文件强调，乡村振兴工作需要建立健全农村工作领导体制，坚持党委统一领导，由政府负责协调、党委农村相关工作部门统筹推进落实。首先，乡村振兴战略领导责任制的建立作为首要任务，完善着党的农村工作领导体制机制，形成了中央统筹、省负总责任、市县抓落实的工作机制，坚持了省、市（州）、县、乡（镇）、村五级书记抓乡村振兴。其次，打造新时代懂农业、爱农村、爱农民的"三农"工作干部队伍，全面提升"三农"干部队伍的能力和水平。最后，打造强有力的农村基层党组织。以党建促振兴，乡村振兴战略中最基础的核心领导当数基层党组织，故政府应着力引导农村党员在乡村振兴战略中发挥先锋模范的作用。新时代的乡村振兴要着力加强基层党组织建设，扩大组织覆盖范围，让党的工作能够有效地嵌入和覆盖农村各类社会基础组织及各类群体。发挥广大农村基层领导干部和党员的模范带头作用，用他们的智慧思想和行动力量将广大农民凝聚起来，将基层党组织的组织功能落到实处，用组织优势引领发展，把组织力量充分发挥出来，使其全力为乡村振兴工作。乡村振兴发展动力的创新在于组织维度的创新，将乡村振兴美丽蓝图变成现实图景，确保乡村振兴战略在农村落地生根，并最终实现新时代农村改革的大发展，离不开打造基层党建引领乡村振兴的动力引擎。

（二）人才振兴：培育乡村振兴内生发展新动力

人才振兴是乡村振兴的动力支撑，破解人才瓶颈是推动乡村振兴的重要内容。习近平多次提到"乡村振兴要激活乡村振兴内生动力"。培育乡村内生发展动力是乡村振兴战略中有别于之前"三农"工作的重点任务。其需要改变以往"输血"式发展的思路，增强"造血"功能，变客体为发展的主体。需要鼓励农民通过自己的辛勤劳动建设美好家园，创造幸福生活。确立农民在乡村振兴中的主体地位是培育乡村振兴内生发展动力的有力支撑。

乡村振兴的核心内容之一是完善乡村治理体系，而村民自治是村民直接参与乡村治理的有效载体，赋予农民主体权利和主体责任，有利于激发乡村振兴的内生动力，强化村民的自治功能和自主意识。首先，在乡村治理过程中，要调动农民的参与意识和话语表达意识，为广大农民提供多元化的渠道进行利益诉求的表达和交流。其次，在乡村治理体系建设中，要注重发挥乡贤文化在乡村治理中的引领作用，使"乡贤"能以自身的学识、技艺、经验、专长及修养反哺桑梓。再次，要构建现代组织管理平台，构建"统一产权、财权、事权和治权"的村社一体化共同体。最后，还需构建现代村民的提升平台，设立村民培训平台，定期对村民进行技术培训，提升村民对现代农业科技的认知度。

四、发展路径创新是实现乡村振兴战略的有力举措

乡村振兴战略是解决"三农"问题的总抓手，既管全面，又管长远。习近平提出乡村振兴是乡村的全面振兴，要实现乡村的产业振兴、人才振兴、文化振兴、生态振兴、组织振兴，五个方面的振兴是农村工作抓重点、补短板、强弱项的关键，也是农业全面升级、农民全面发展、农村全面进步的创新之举。

中央一号文件明确提出，乡村全面振兴是乡村振兴战略的主要任务，而乡村全面振兴的有力举措主要有以下几点。

第一，产业振兴：培育乡村发展新动能。产业兴旺是乡村振兴的工作重点，乡村振兴战略中新的产业体系的创新表现在农业内部结构方面，即顺应由传统农业向有机农业、品牌农业转化的趋势；在产业结构方面，顺应第一、二、三产业融合发展趋势；在产业技术构成方面，顺应生物技术、互联网技术等新技术集成的趋势。

第二，生态振兴：打造人与自然和谐共生的发展新格局。乡村环境优美不仅能造福于农民，而且能有助于城市居民生态环境的改善。生态振兴以农村人居环境的整治为纽带，通过村容村貌的整治，推进乡村绿色发展，提高乡村居

住品质,尤其要注重对乡村建筑风貌和地域建筑风格的保护与挖掘。同时,乡村的生态振兴又不同于城市的生态振兴,其旨在保护乡村的美景风貌,实现人与自然的和谐共生,营造农村生产、生活、生态协调发展的乡村田园风光。

第三,文化振兴:展现乡村文明新气象。"观乎人文,以化成天下。"乡村文化建设要发挥良好家风、文明乡风、淳朴民风在乡村振兴中潜移默化的作用。要注重乡土味道,强化地域文化元素符号,构建既传承历史的农耕文化,又独具特色的乡土文化,引导农民群众崇德向善、见贤思齐,使亿万农民群众能够由内心生发出热爱家乡、心系乡土的热忱,并不断转化为振兴乡村的强大正能量,从而打造农村农民的精神家园。

第四,善治之路:构建乡村治理新体系。乡村振兴战略治理体系的现代化是实现乡村振兴的重要举措,采用新的乡村治理模式,需要将传统的乡村"管理"向乡村"治理"转变,尤其需要注重"自治、法治、德治"相结合的乡村治理体系的建设。实现自治、法治、德治相结合的治理新体系建设是乡村从民主管理到有效治理转变的新举措。"三治结合"的乡村治理新体系,既遵循了乡村发展规律,又符合国家基本政策和制度的要求,是乡村社会和谐有序、健康持续发展的有力保障。

第五,社会建设:塑造美丽乡村新风貌。在乡村振兴中,生活富裕是根本。优先完善道路、水电气网等基础设施建设;民生问题关乎大计,要优先发展农村教育事业,配套教育医疗文化等服务设施,实现乡村设施的现代化和城乡设施的互联互通。乡村的全面振兴需要政府整体部署、协调推进,需要注重协同性和关联性,要对"三农"工作进行全面规划。总之,实现路径创新和因地制宜的模式创新是乡村振兴战略的有力举措,也是助推乡村振兴可持续发展的创新道路。

"乡村振兴是一盘大棋",是对"三农"工作系统性、全局性、创新性的部署,体现了中央改革创新的决心,是一条具有中国特色的乡村发展创新之路。根据规划部署和要求,今后农村"要走城乡融合发展之路、共同富裕之路、质量兴农之路、乡村绿色发展之路、乡村文化兴盛之路、乡村善治之路、中国特色减贫之路"。这七条道路的提出,是实现乡村振兴战略的行动指南和基本遵循,是乡村振兴战略在发展理念、制制度建设、发展动力、实现路径上的创新和完善。这些创新将耦合成乡村振兴发展的不竭动力,终将助力乡村全面振兴,推动中国乡村振兴宏伟蓝图的实现。

第二节 深化农村改革

农村经济发展对于缩小贫富差距,全面建成小康社会具有重要意义。在乡村振兴战略的指引下,不断深化农村改革,优化农村经济结构,做好农业经营制度改革,能够从根本上提高农民的生活质量和幸福感。

一、不断深化农村土地制度改革

实施乡村振兴战略是对"三农"工作一系列方针政策的继承和发展,是中国特色社会主义进入新时代做好"三农"工作的总抓手,是历史性破解城乡不平衡不充分发展难题的契机。我们必须立足国情农情,以改革创新为动力,推动农业全面升级、农村全面进步、农民全面发展,谱写新时代乡村振兴的新篇章。

(一)盘活农村经营性建设用地资源

在现行制度下,目前大量土地资源仍然在农村。农村基层组织虽然是土地的所有者,但是基层组织经营管理土地资源的政策支持不足,基层组织无法把宝贵的土地资源转变成发展的资本。因此,盘活农村土地资源,特别是农村经营性建设用地资源是当务之急。如山东省自2013年起启动大规模土地确权登记颁证工作以来,确权面积占家庭承包地总面积的98.1%,在全国率先基本完成土地确权登记颁证工作。在确权颁证之后,老百姓凭借确权证,可以办理抵押贷款,这打通了资本流向"三农"的重要通道。这些改革举措盘活了农村经营性建设用地资源,释放出大量的土地资源价值,也将为城镇提供更多的建设用地供给,助推城乡的协调发展。由上可知,加快农村经营性建设用地的市场化改革迫在眉睫,而改革政策的逐步明确,对未来提高农村经营性建设用地资源的实际价值具有重大意义,对打通城乡建设用地市场、真正实现城乡经营性建设用地同地同价具有重要作用。

(二)加快农村宅基地所有权、资格权、使用权"三权分置"改革

自1998年开始,在城镇土地建设用地资源价值快速攀升、土地升值导致城镇居民住房快速升值时,国家先后多次出台法规严格限制农村宅基地交易。建议通过农村住宅用地国有化,做实住宅用地所有权,加快农村住宅市场化的改革速度,彻底放活农村住宅的使用权,明晰农村住宅的产权,消除城乡住房制度方面的不对称现象,让国家发展带来的土地升值的历史性红利为农民增加

财产收益奠定制度基础。

（三）推动农村土地征收制度改革有所突破

现行农村土地征收制度存在城乡利益分配天平倾向于城镇的现象，这形成了制度性不公平。事实上，针对一些地方政府近几年在土地征收过程中与农民争利益的问题，国家已经出台或者试行了对农民进行补偿的举措，非常受农民欢迎。农村土地征收制度改革的方向非常明确，善待农民就是在征收与拍卖过程中更多地让利农民，使国家发展的时代红利也部分地让农民共享。

二、做好农村经营制度改革

农村基本经营制度作为中国共产党制定农村政策的重要基础，在当前农村地区的发展中起着不可忽视的重要作用，同时也逐渐成为现阶段乡村振兴战略实施工作的重要组成部分。为保证农村基本经营制度的稳定和完善，以乡村振兴战略视域为主要出发点，对农村基本经营制度进行改革，对于创新乡村发展路径、提高我国社会经济发展的整体水平等方面都有着重要的意义。

（一）强化农村经营制度体系的理论建设

从乡村振兴战略的视域出发，不断强化农村经营制度体系的理论建设，是推进制度改革工作顺利进行的重要前提。首先，加大力度推广农村经营制度改革工作的试点范围，以不同发展背景、需求、条件等为标准划分试点区域，有针对性地开展经营制度的改革工作，并在此基础上逐步完善原有的理论体系和制度。另外，以具备农村经营制度改革经验的地区为示范逐步建立完善的政策支持引导机制，为农村经营制度的理论体系建设提供更多优化和完善的思路，这对原有经营制度的理论体系内部缺陷等问题的解决起到良好的作用。

（二）强化农村基础设施的建设，推进基层党建工作的完善

不断强化农村基础设施的建设、推进基层党建工作的完善是保证现阶段农村经营制度改革工作效率的有效策略。政府应注重基本党组织建设工作中创新思维与能力的培养，以及对乡村振兴战略相关精神的学习工作，逐步引导基层党组织工作人员突破原有的形式化思维和发展瓶颈，针对原有农村经营制度运行过程中存在的土地流转不足、地区差异大以及土地流转的不规范和封闭性问题进行突破性的改革，推进农村土地资源实现更大程度的优化配置，更深层次地促进农村经营制度的改革与发展。

（三）强化农村经营制度体系的执行力度，加强工作队伍建设

基于乡村振兴战略的实施要求，继续加大农村经营制度体系的实际执行力度，强化相关工作队伍的建设和人才培养，对于保证经营制度改革的质量具有重要意义。因此，政府首先要对农村合作经济运转不规范的问题进行解决，建立完整的组织机构，提高农村合作经济运转组织的凝聚力和约束力，保证合作架构内部效益的稳定性。同时，政府还需要制定一套系统、规范的配套细则和办法，对经营制度体系运转和执行过程中可能出现的问题及追责形式进行制度化的规定，避免传统经营制度运转过程中出现的宏观指导性弊端，将各项细则和办法落到实处，从而保证政府相关优惠和扶持政策的到位。另外，要注重农村经营制度相关人员的培养，组织开展外出进修、培训等学习活动，启发创新改革思维和应用能力，在最大程度上降低农村经营制度的改革阻力。

第三节　建立城乡统一的要素市场

实施乡村振兴战略，还要推动新型城镇化的顺利开展。新型城镇化以城乡统筹、城乡一体、产业互动、节约集约、生态宜居、和谐发展为基本特征，是大中小城市、小城镇、新型农村社区协调发展、互促共进的城镇化。新型城镇化和城乡融合发展是现代化的必由之路，是解决农业、农村、农民"三农"问题的重要途径，是推动区域协调发展的有力支撑，是扩大内需和促进产业升级的重要抓手。政府要牢固树立新发展理念，按照乡村振兴战略和城乡发展的要求，紧紧抓住城镇化这个核心和提高质量这个关键，用改革的办法和创新的精神，全面推进新型城镇化和城乡融合发展。

推动新型城镇化的建设，重要的一点是建立城乡统一的要素市场，具体措施可从以下几方面进行。

一、建立城乡统一的劳动力市场

为加快建立城乡统一的劳动力市场，政府应当改革现行户籍制度，加快建立城乡统一的户口登记管理制度；实行本地和外地人员平等的用工政策；给予农民工子女平等的受教育的权利；推进包括进城农民在内的所有非农人员的社会保障制度建设，为进城农民提供体制保障。

（一）深化户籍制度改革，逐步放开农民进城落户限制

现行的户籍制度是影响城乡平等就业的最根本的制度障碍，制约着其他就业制度推行的力度和广度。甚至可以说，如果能彻底废除现行户籍制度的话，一些阻碍城乡劳动者平等就业的制度问题也就迎刃而解了。尽管国家为适应经济发展的需要，对户籍管理制度进行了一系列的改革，但一些地方并没有完全按照国家的有关规定执行。一些地方仍对农民进城落户有诸多限制，因而国家必须切实改革现行户籍制度。凡在城市有合法职业、有稳定生活来源、有固定住所的进城农民，均可取得居住地户口，其随同居住的直系亲属应与城镇居民享受同等的就业权利。

首先，可以考虑废除省会以下城市原有的户籍制度，放开对农民进城的落户限制，实行新的按居住地划分城乡人口、按职业确定农业与非农业身份的管理制度；其次，对省会城市以及北京、上海等直辖市，可以视具体情况，积极创造条件，逐步放开，能一步到位最好，不能一步到位的也要实行类似于工作户口证方式的户籍管理制度，对进城农民的合法地位和迁徙权利予以承认和保障。

（二）深化用工制度改革，建立城乡劳动者平等的用工制度

由于一些歧视性政策是以合法的形式出现的，所以政府和有关部门有必要转变劳动就业的政策和观念。在现行户籍制度仍然存在并在一定时期继续存在的情况下，大中城市要取消"适当调控农村劳动力进入城市的规模和速度"的政策，改变"先城镇，后农村"的就业方式，及时取消一些因为行政性人为垄断而导致的农村劳动力不能就业的政策。让农村劳动者和城市劳动者、外来务工者和本地职工享有同等的就业权利。企业的用工政策只能以技能作为限制条件，用市场机制配置城乡劳动力资源，用工单位可以自由地通过劳动市场择优录用劳动者，劳动者可以自由地选择用工单位，这样可以使人力资源得到合理、高效的配置，从而提高我国城乡劳动力资源的配置效率和劳动生产率。

（三）深化教育体制改革，确保农民工子女平等接受教育的权利

针对我国农民工子女失学率高这一情况，中央政府印发了《国务院办公厅关于做好农民进城务工就业管理和服务工作的通知》，通知要求流入地政府要采取多种形式，接受农民工子女在当地的全日制公办中小学入学，在入学条件等方面与当地学生一视同仁，不得违反国家规定乱收费，对家庭经济困难的学生要酌情减免其费用，要支持社会力量兴办农民工子女简易学校，将其纳入当

地教育发展规划和体系中,实行统一管理。根据中央精神,各地方政府必须采取相应措施,加大力度改革现行的城镇教育制度。要对进城农民工子女实行与城市市民同等待遇的城镇教育政策。同时要加大城乡教育设施的投入力度,拓宽办学渠道。城镇学校要通过择优录取的方式吸收外来务工者的子女来校就读,废止对外来务工子女入学收取"借读费"等不合理的收费项目。

(四)深化社会保障体制改革,将农民工纳入社会保障的范围

加快建立全社会统一社会保障制度的最好模式是居民基本社会保障资金由国家统一支付,并由国家向居民个人和用人单位征收社会保障税,而不是现在的"三家抬"形式;居民个人主要根据自身收入水平和条件自愿参加商业补充保险。鉴于我国目前的实际情况和国家财力的可能性,可先暂不考虑农村农民的社保问题,但一定要把进城农民纳入城镇统一的社保之中。即应建立包括进城农民在内的所有非农人口的社保制度,同时执行与城市市民一样的低保政策。这样做,既有利于建立城乡统一的劳动力市场,也可以为进城农民实行土地流转和未来进行农村土地承包制度的改革留下空间。

由于农民工文化素质比较低,思想价值观念相对落后,在同城市劳动者的竞争中也处于不利的地位,因此除上述措施之外,政府还必须加强对农民工的教育和培训,提高农民工的素质。鼓励农民工在业余时间参加自学考试或到各类成人学校进修学习;在农民工聚居区成立"农民工职业学校""农民工进修学校"等,定期对他们进行教育、培训。培训费用的来源有很多,如政府拨专款支持,或提供无息贷款给农民工,由农民工上岗就业后归还该部分款项,或用人单位和农民工共同负担培训费用等。农民工所在社区应提供关怀与政策引导,给予他们以法制、技术以及文明等方面的教育,为他们及其后代提供社会纵向流动的机会。

二、建立城乡统一的土地要素市场

近年来,我国城市土地要素市场发展迅速,但农村土地要素市场发展缓慢,且城乡土地要素市场分割明显。其主要表现在土地要素在城乡之间的单向和不平等流动,相关部门通常通过行政手段来使集体土地成为城市用地,农村集体获得的征地收益较低;农民承包的耕地、宅基地不能以有效方式进行流转从而使农民获得财产性收入等。这些都抑制了土地要素在城乡之间的平等交换,扭曲了土地要素的价格,成为土地要素市场发展和完善的障碍。因此,要推进新型城镇化建设,政府必须建立城乡统一的土地要素市场。

城乡协调发展要求建立城乡统一的土地要素市场。当前城市土地要素市场已经随着中国土地有偿使用制度的改革建立起来了，但农村土地要素市场却处于萌芽状态。笔者认为应主要从土地征用、国有土地（废弃地）流转、集体土地使用权出让、宅基地流转四个方面构建和完善城乡统一的土地要素市场，特别是农村土地要素市场。

（一）公共利益征地市场

对于征地，要区别其公益性和非公益性的不同性质，采取不同的用地方式。将建设项目明确划分为公益性和非公益性两类，明确"公共利益"的内涵和外延，确定公益性项目的类目，只有公益性项目才可以征地。而征地的补偿应借鉴城市拆迁补偿的方法，按集体土地所有权市场的价格进行补偿，即提高目前的征地补偿标准，以市场为基础，将土地补偿费，青苗及建筑物、构筑物补偿费，残地补偿费等主要补偿项目的补偿价格参照当前土地要素市场的价格，实行公平补偿。

在公平补偿原则下，征用补偿金应包括两部分：土地的市场价格和相关补助金。土地的市场价格可以由相关土地评估中介机构评出的结果作为补偿依据。相关补助金指因征地而导致的搬迁费用、青苗损失费以及为安置失地农民的费用，以体现集体土地的多重功能，即为农业生产服务的生产资料功能、对农民进行生存保障的社会保障功能及发展功能和不断增值的资产功能，这样才能切实达到有效补偿的目的。相关补助金的补偿方法可以由政府出台相关政策、措施进行规定。

（二）国有土地（废弃地）流转市场

随着道路建设的加快和矿山资源的枯竭，其形成的废弃道路、废矿等废弃地逐渐增多，这些土地分布于城镇之外，并且已经办理了土地征用手续，为国有土地。对于这类土地，土地行政主管部门可将其所有权（或使用权）进行无偿分配或经复垦后协议出让给原集体（或其他集体经济组织），使其逐渐被重新利用，从而促进土地资源的节约、集约利用。

（三）集体土地使用权出让市场

对于非公益性项目要使用集体土地的，经土地行政主管部门审核后，集体可以将土地使用权出让，让受让方获得集体土地使用权，但须与集体经济组织或者农户办理手续，并由土地行政主管部门审核、发证。出让的方式可以是协议，也可以通过招标、拍卖等形式。在这个过程中，政府只办理审批、转移登记手续，从宏观调控方面进行管理，财税部门办理税收缴纳手续。这样的操作可消除集体土地使用权流转暗箱操作及其带来的弊端。这样，非公益性项目用地土地增值的部分就归集体经济组织和农户所有，地方政府不参与协议、招标、拍卖等操作，从而制止了滥占乱用耕地和多重层面滋生腐败的现象，使集体经济组织和农户的土地权益能够获得保障。

（四）城乡统一的居住用地市场

为了使农民与市民享有同等的土地使用权，在农村宅基地的流转方式上，政府可采取"保持集体所有、允许上市转让"这一全新的农村宅基地流转模式。所谓"保持集体所有、允许上市转让"，实质就是在保持农村宅基地集体所有的基础上，取消原有的限制农村宅基地流转的相关规定，给手续齐备、建造合法的农村宅基地及其地上房屋，颁发《集体土地使用证》《房屋产权证》等证书，允许农村宅基地及地上房屋与城市商品房、房改房一样，合法上市转让。这就赋予了土地商品的属性，允许农村宅基地进入土地交易市场，就可以通过公开、公平、公正的市场行为，使土地资源的价值得到真正体现，最大限度地增加农民的收入，提高他们进城的经济承受能力，从而加快城乡协调发展。

三、建立城乡统筹的资本要素市场

目前，我国城乡资本要素市场发展极不平衡。究其原因，主要有两点：一方面，农业是风险大、收益低的产业，具有弱质性特征，另一方面，资本的逐利性特征，使其不愿进入农村和农业领域。这加剧了城乡之间金融资本要素配置的不平衡，导致城乡发展的差距不断扩大。为此，十八届三中全会提出，"鼓励和引导工商资本到农村发展适合企业化经营的现代种养业，向农业输入现代生产要素和经营模式"，并提出要"保障金融机构农村存款主要用于农业农村"，"完善农业保险制度"，"鼓励社会资本投向农村建设，允许企业和社会组织在农村兴办各类事业"。中央城镇化工作会议提出："推进政策性金融机构改革，当前要发挥好现有政策性金融机构在城镇化中的重要作用，同时研究建立城市基础设施、住宅政策性金融机构。"

在发展过程中，大量资金汇聚在城市，这为城市带来了迅猛发展。放眼农村，萧条落寞的景象时常会出现。因此，实施乡村振兴战略，必须实现城市和乡村资本要素的高效融合。

其一，设立乡村振兴发展基金。政府应引导更多社会资本流向农业农村，充分发挥国有企业的带动作用，将政府资金、社会资本合理地结合起来，形成短、中、长期的资本进入和退出策略。其二，优化资金在农业基础设施建设、科技创新、结构调整、精准扶贫、"互联网+现代农业"等领域的配置，使其精准投向乡村优势特色产业。其三，统筹规划和整合涉农资金，把涉农资金合理配置到乡村经济社会发展的关键领域和薄弱环节。强化依法治理，建立和完善保护生态环境的长效机制，防止出现工业及城市污染向农村转移的现象。优化财政供给结构，推进行业内资金整合与行业间资金统筹的相互衔接配合。扩大地方自主统筹空间，加快建立涉农资金统筹整合的长效机制。加强资本监督管理，明确相关部门的职责，积极推进资本投入项目的有效实施。其四，优化制度设计，规范基金运行。规范设计投资模式，合理确定投资方的出资比例，组织产业投资经验丰富的专家团就产业合作、产融结合、合规运作等做调研论证。优化制定资本要素使用的相关制度，为其提供制度保障。其五，发展乡村文化产业。实现乡村文化与乡村经济社会发展的相互促进、共同发展。提升乡村文化的经济变现能力，提高乡村文化的吸引力，赋予乡村文化产业强大的魅力，精准选定文化产业发展方向，真正做到"一村一品一业"。使各类资本要素与乡村旅游业、教育业、文化产业等进行合理的融合，大力支持发展乡村休闲农业、创意农业、农耕体验以及乡村手工艺等。整合开发乡村优势产业，打造乡村特色品牌和龙头企业，同时在乡村产业发展过程中要避免出现"奢侈化"现象，防止出现"高价""天价"的农副产品，"高消费"民宿和乡村旅游服务项目等。

目前，我国有大量的民间资本正在寻找投资途径，这些举措有利于创造公平的市场投资环境，调动社会资本参与城镇化的积极性和主动性，优化配置城乡资本要素资源，促进城乡统筹资本要素市场的建设和完善。

建立城乡统一要素市场，促进新型城镇化的顺利推进，还需要处理好两大关系：一是政府与市场的关系，要素市场的建立和发展需要政府创造健康的环境，但要坚持市场在资源要素配置中的决定作用；二是中央与地方的关系，国家要充分调动地方政府的积极性。目前，在我国城镇化推进过程中，建设和管理好城镇需要庞大的资金投入，如何解决这些资金问题，是确保新型城镇化能否顺利推进和健康发展的重要保障。中央城镇化工作会议提出建立地方主体税种和债券发行管理制度，建立财政转移支付同农业转移人口市民化挂钩机制等，这些举措可以充实地方财力，有效调动地方积极性。

第四节 振兴乡村产业

乡村振兴,产业兴旺是重点。发展振兴乡村产业,要顺应经济社会发展规律,以满足市场需求为导向,以乡村资源、产业基础、人文历史等为依托,因地制宜地选择适合本地的乡村产业,避免盲目跟风,形成"千人一面"的僵化的产业格局。要想振兴农村产业,以产业发展带动农村经济的综合发展,需要从人才、特色产业、产业结构三个方面着手,推动农村产业的复兴与繁荣。

一、回流人才,兴旺产业

人才回流是乡村产业振兴中要素回流的重要标志。乡村产业振兴对优秀人才的需求非常迫切并且广泛,覆盖到乡村产业链的各个环节。而目前外出务工人员很多都选择留在外面。很多大学生成才之后也不愿回到家乡,这使人才的流失极其严重,因此相关部门应采取相应措施,将流失在外的人才吸引回来。

(一)建立乡村本土人才回流机制

促进乡村本土人才回流,要建立吸引其返乡就业以及创业的有效机制。比如,建造人才库。关于外出务工人员分布散乱、联系困难的棘手问题,政府可以建立相应的机构或组织,负责人员的联系沟通工作,建立乡村人才资源储备库。又如,建设人才回流推动机制,分层次、分领域地定期开展相关活动,从而增强回乡人才回乡的动机及欲望。建设国家政策保障机制,把扶持创业行为作为吸引外出务工人才回流的重要措施,结合乡村产业的现代化建设,兼顾各项乡村扶贫优惠政策,制订乡村本土人才回流创业的扶持计划,并从土地流转、资金担保、贷款补贴、税费减少等各个方面进行创业支持。

(二)建立乡村本土人才服务管理机制

促进乡村本土人才回流,要注重营造选贤举能的环境,为能够真正帮助脱贫攻坚、想在乡村干出一番事业的优秀人才提供有力的支持。好比建立跟踪服务管理机制,安排专人为联络员,帮助回流创业人才选好投资方向以及项目,并在创业和项目策划等方面提供支持。建立相应的激励表彰机制,对表现突出、有重要贡献、有带动能力、影响力强的人才给予相应的奖励,同时建立一定的层级奖励制度,贡献越大,奖励越多。在此要注意为了获得奖励而做面子工作的相应行为,避免跟风、不务实的做派。在人才的使用上,要立足脚下,从乡村本土找人才，鼓励曾经"走出去"的优秀人才"走回来"，从而真正实现"人才回流"。鼓励优秀人才把在其他地方积攒的经验、资金以及技术带回乡村。这是乡村产业振兴中的有效战略，能从实际上加快乡村振兴的步伐。

（三）增强乡村本土人才服务家乡的自觉性

这需要回乡人员自身有着强烈的服务意识及奉献精神，需要其从心灵深处渴望回乡服务，带领家乡人民致富脱贫。政府应以乡情为桥梁、政策为引领、激励为导向，通过各种形式的宣传引导，鼓励支持乡村本土人才回流，使其既能为建设家乡、脱贫攻坚贡献才智，又能获得更好实现人生价值的机会。同时还应增强在外的乡村本土人才对家乡的认同感、归属感，激发他们回报桑梓的热情。政府应当宣传好家乡经济发展规划、创业优惠政策、返乡创业项目和发展前景等，帮助乡村本土人才算好"亲情账"和"经济账"。加大乡村本土人才回流创业先进典型的宣传，既发挥其示范带动作用，又增强其荣誉感，激励其发扬扶贫济困、守望相助的传统美德，助力家乡打赢脱贫攻坚战。

二、立足资源优势，发展特色产业

一个地区产业的特色是与当地的资源优势紧密相关的。特色的资源是特色产业发展的根基，是其立足之本。一个地区应当找准自身的资源优势，对其进行科学开发、综合计划部署，从而使资源的优势得到最大限度的发挥。

（一）加强特色农产品经营

乡村产业振兴，需要因地制宜，不能照搬照抄，也不能不分轻重缓急。对每个不同乡村的发展，要根据当地的人口环境对当地进行合理的资源配置，确定本村的特色产品产业及其独特之处，明确产品产业定位及其发展目标与方向，为不同的乡村量身定做不同的产业。利用乡村本地的人口优势，将有限的资源集中投入具有特色的和优秀的产品产业之中，为发展乡村特色产业奠定扎实的基础。可以将农产品的加工分出层次，如原生态产品、初级加工产品、高级加工产品等，进行不同层次、不同用途、不同形式的加工，积极扩展产品加工的方向和渠道，为产品加工增值。

（二）加强乡村特色农产品经营平台的建立

政府一是要关注特色农产品信息的载体，积极挖掘不同形式的载体。其主要有以下两种形式。一方面利用互联网进行土地流转，依托现有的互联网技术开发适合农村发展的网络平台。利用网站、手机购物社交软件等将村民拟流转地、自有耕地的区位、等级和流转价格等实际情况在线上发布出来，供有种植意愿的农户比较选购。另一方面在APP上进行乡土特色农产品售卖，打造区域性的特色文化产业，将特色农产品卖到城镇。二是要设立乡村自有耕地平台，效仿房地产中介模式，由土地经纪人充分发挥中间作用，在网站与APP上补充与完善农民耕地等相关信息，调动农村耕地资源，实现耕地利用最大化。三是要充分发挥政府相关部门的监管作用，对农村土地实行规范化管理，从而维护农村土地市场的公平有序发展。

（三）强化质量标准，打造农业品牌

品牌是农产品实现市场价值的有效载体，也是体现农产品价值最直观有效的说明。所以，发现自身优势、打造属于自己的农产品品牌是使农产品走出去的有效途径。

立足农产品生产的实际，形成完备的标准化生产体系。推动农业产业园区、示范家庭农场、农业合作社等的标准化生产，建立特色农产品标准化生产基地。

以质量求效益，把好质量关。健全农产品质量检测体系，确保农产品在种植、生产、加工、运输、保存等各个环节上质量过关，好中求优。

打造属于自己的品牌，找到核心竞争力。强化农产品的品牌培育，使之形成自己的品牌支撑，通过各种渠道，设计良好的品牌效应。

（四）抓住关键环节，加强技术创新

科技是创新不竭的动力，科技是提高产业竞争力、保持产品鲜活生命力的关键。没有技术支撑，特色农业就很难做大做强，很难在市场上长久立足。为了加强技术创新，政府需要采取多方面强有力的措施。

1.建立覆盖全产业链的产业创新团队

政府可以围绕本地区的特色优势产业，依托原有的创新技术及相关的技术人员，组建产业技术创新团队，对关键技术进行攻关，进而开发出一批新技术、新品种、新工艺，突破产品的生产瓶颈，使产品的规模和质量都能有坚强的保证。同时，在创新团队的组建上，还要及时更新设备、人才，以使团队的发展能跟上时代的步伐，从而保持持久的生命力。

2.加快建设技术创新中心、技术研究院和技术创新平台

产业的发展，需要强有力的平台做支撑，创新技术的发展也不例外。政府可以围绕本地区的优势，加快建设技术创新中心，建立科技创新平台，组建农业科技园区，建设一批标准化、集约化、规模化的现代科技示范基地，积极引进高新技术成果，推进创新中心和创新平台的建设，促进特色农业的优化升级。

三、加大产业结构的优化力度

构建第一、二、三产业链的发展格局要按照"做好一产、做大二产、做强三产、推进融合"的思路,大力优化产业结构调整。

(一)做好做大优秀独特产业

1.优先发展特色产业

在发展农业的过程中,各部分的发展情况是不一样的,有的比较成熟,有的尚处于起步阶段,有的发展比较快,有的面临很多困难,所以在发展过程中,政府要根据实际情况,先扶植有特色、发展势头良好的产业,这样一方面可以为其他产业的发展积累资金和成熟经验,另一方面又可以为其他产业的发展吸引资金与技术,以一带多,从而带动整个产业的发展,形成"百花齐放"的良好局面。

2.建立规模化的设施农业生产基地

农业生产不能搞独立,不能单打独斗,不管是从土地、资源的管理,还是从技术、市场的发展来看,规模化、集体化的生产,更具有竞争力。因此,当地政府和相关部门应该对农业的发展进行规划,种植什么,在哪里种植,用多少土地来种植,需要多少人员负责管理……如此种种,都需要进行细致、系统的规划,巩固水果、蔬菜、养殖等产业的优势,从而进一步提升农产品的市场影响力与竞争力。

(二)积极培养新兴产业

在乡村产业的发展过程中,原始的种植业、畜牧业、养殖业等是农村产业发展的主力军,对农村经济的振兴与发展有着关键的作用。但是除了这些传统产业外,旅游业、农业休闲产业等也是农村产业发展中一支不可忽视的力量。

努力发展乡村旅游业以及农业休闲产业。发展乡村旅游业有着天然的地理和自然优势。农村新鲜的空气、淳朴的民风、秀美的自然山水,对于久居都市、为生活忙碌打拼的人们来说,是调节身心、陶冶情操、领悟自然天地之美的最佳选择。农村应因势利导,积极挖掘有利资源,在合理范围内发展旅游业及相关系列产业,以旅游业发展带动相关产业发展,使其成为农村产业中最具生命力与活力的产业。深挖"乡愁思想",发展"乡愁产业",扶持一批地方特色鲜明、乡土气息浓郁的特色小吃业以及乡村手工业,发展一批乡村车间和家庭工厂,打造一批纯手工工艺品。将乡情乡俗打造成乡村文化产业,利用"乡愁思想"感染外来人群。振兴乡村产业，可以使我国乡村的吸引力得到提高，可以使更多资本、技术等要素回到乡村，这样才会巩固"农业美"的物质基础，进而激发振兴乡村的内生动力，实现乡村振兴的伟大目标，为农村美、农民富、农业强提供源源不断的动力保障。

第五节　建立健全城乡统一的公共服务体系

建立统一的城乡公共服务体系，实现城乡公共服务均等化，不仅是缩小城乡差距、统筹城乡协调发展的重要途径，而且是维护社会公平与正义、保证农民享受平等的待遇以及促进我国农村及国家经济社会进一步发展的动力和源泉。公共服务均等化，不是指公共服务绝对公平或在城乡公共服务上奉行"一平二调""整齐划一"的原则，而是保障农民享受基本公共服务的平等权利。公共服务均等化并不排斥根据城市与农村居民的不同需求来提供适宜公共服务的多样性、差别化原则。为实现城乡公共服务均等化的目标，相关部门可以进一步从以下几个方面努力。

一、转变政府职能，积极推进乡镇改革

政府职能的合理定位，是乡镇改革的前提和基础。为统筹城乡发展，实现公共服务在城乡间的均衡平等配置，政府必须转变职能，将工作重心向乡镇的公共服务方面倾斜。

（一）将工作重心转移到为农户主体提供公共服务上来

政府应将工作重点从过去的招商引资、催种催收、经营生产等具体而微观的事务上转移到为农户及其他经济主体提供平等的公共服务上来。经济的发展、政府各项职能的体现，最终的落脚点、最终的受益者是农户主体，所以农户主体的利益才是所有工作的动力和出发点。政府可以建立相关方面的意见箱，给予农户自由表达的权利，允许其表达自己的正常需要，给自身工作提意见，以完善自身在职能方面的不足。同时也可以组织访问、民意调查等活动，走进农户的生活中，了解其生活、生产情况，以省察自身在工作方面的不妥之处。

（二）防止在公共服务上"缺位"

政府在解决乡镇各部门和事业单位"越位"和"错位"问题的同时，也要防止自身在公共服务上的"缺位"。政府有很多职能部门，职责自然也很多，

在职能很多、人手驳杂的情况下，常常会无法顾及一些细节性或基础性的问题。这时，政府应时常检查工作上的疏漏，将工作做到实处、细处。政府应强化公共服务责任，根据公共服务性质及其受益范围明确各级公共服务体系的职责，形成科学规范的分工和问责体制，做到权责对等、事权与财权对称统一，进而努力建设服务型政府。

（三）推进体制改革，发挥农民自主性

政府在职能上出现问题，很多时候是体制有问题。所以要推进乡镇改革，还应该进行政府体制改革。随着经济的发展，农民的需求会发生变化，政府的职能部门和职责也应有一定的调整。如何划分权力、分开责任、界定活动边界……这些需要进行多次调整。同时，政府调整职能，还需要精简机构和裁减人员，重新设置相关机构，使自身的事务管理公开化、民主化，充分调动农民的积极性，鼓励农民参与管理，为其提供合适的参与渠道，充分发挥基层民主的作用，使农民的权利得到充分的发挥和彰显。

二、改革县乡财政管理体制，建立现代公共财政制度

一定的财力是任何一级组织存在和运作的前提。对于国家或政府而言，其主要通过赋税的形式向社会汲取资源以维持自身的运转并履行一定的职责。在现代社会，公共财政"取之于民，用之于民"。一定的财政不仅是政府履行职责及提供服务的前提和基础，而且是政府促进社会公平、维护社会稳定的重要手段，具有明显的公共性。

（一）调整支出结构，增加公共服务的支出比重

政府可以根据不同时期的突出问题来确定财政投入的重点及优先次序，从而维护社会的公平和正义，让每一位村民都能享受到公共财政的益处。在我国税改前，农业税为一些地方的主体税种，农业税取消后，一部分农业型县乡陷入了"吃饭财政"的困境中，有的甚至"自身难保"，主要依靠上级财政的转移支付来维持日常运作，这严重影响了政府公共服务职能的履行，不利于农村社会的政治稳定和发展。因此，政府必须改革财政管理体制，按照权责对等的原则，合理界定各级财权与事权的范围，适当增加公共服务在财政总支出中所占的比重，让财政支出不仅在大事上有体现，而且在小事上也可以做到细微处。

（二）加大中央政府和省级政府对下级政府尤其是中西部地区农业型县乡的支持

财政支出的分配是非常重要的工作，不仅要分配得当，而且要分配"到手"，不管是大的工程或是项目，还是小的事情，都需要落到实处，让人看得见、摸得着。资金落实到基层，花在细微之处，能在一定程度上反映政府财政的落实程度。对于基层各单位、各部门，尤其是边远的中西部地区，政府要加强财政支出的落实程度，甚至还需要加大投入力度，以尽量缩小中西部与东部地区之间的差距，从而实现共同富裕。

（三）探索建立规范的财政转移支付制度

第一，科学定位财政转移支付功能。转移支付作为财政的一种手段，属于分配范畴的内容，其要求分配应公平、公正，既不越位，也不缺位，在合理范围内发挥恰如其分的作用。第二，完善转移支付的法律体系。使各级政府在行使权力时有一个明确的界限，能够根据事权的范围对财政转移支付做出明确的规定，使其权威性和操作性能够有法律的保证。第三，健全财政转移支付的监督评价体系。一项制度的完整与科学，不仅需要事前的决策、事中的监督，也需要事后的评价。每一个环节都至关重要，每一个环节都互相联系。因此，财政转移支付的监督评价体系的建立和完善对于整个财政转移支付体系来说，非常重要。如此种种，保证财政转移支付制度的准确性和完整性才能真正使农民受益。

三、构建以农民需求为导向的公共服务供给制度

在过去的压力型体制下，农村公共服务体系实行的是一种自上而下的决策机制，公共物品的供给在很大程度上取决于政府的偏好和意愿，由政府官员根据政绩和利益的需要决定公共物品的内容、数量和质量，这不仅造成农村公共物品供给效率较低、数量不足、质量偏低以及供需结构失衡等问题，而且导致有限公共资源的极大浪费，损害了政府在人民心目中的形象和威信。因此，政府必须采取相关措施，以保证公共服务的供给能够令更多人获得益处，令更多人满意。

（一）以统筹城乡发展为切入点，把农民的需求放在首位

政府应"急民之所需,想民之所想"，从农民最关心、需求最迫切的事情做起，切实解决农民上学难、看病难、行路难、饮水难等突出问题。政府还应深入民间，

体察民情,体民之所想,体民之所需。有时候农民真正的需求是不容易被看到的,这就需要政府能够体察入微,明察秋毫,管中窥豹,见微知著,透过表面的现象,看到农民深层次的问题和需求。农民的需求满足了,社会基础才会稳固,农村的经济才能发展起来,乡村产业才能振兴起来,整个社会才能稳固、持续地向前发展。

(二)保障农民在公共服务方面的各种权利

完善公共服务体系,发挥政府在公共服务方面的职能,最终目的是服务人民,满足人民的需求,使人民生活得更好。这需要政府在制度层面保障农民的各种权利,只有保障其权利的享有,才能真正稳定民心,推动各项工作的顺利开展。在完善村级"四个民主"的基础上,保障农民在公共服务中的民主参与权、决策建议权以及绩效评估权,使农民能够参与到公共服务提供的各个环节中,构建以农民需求为导向的公共服务供给制度。

四、加强农村基础设施的建设与管理

加强农村基础设施的建设与管理是完善农村公共服务体系的重要举措之一,也是健全城乡统一公共服务体系的必然之举。只有切实改变农村基础设施建设的滞后状况,才能为农村的现代化发展、城乡一体化建设提供坚实的基础。

(一)充分考虑各地区的实际

农村地区的基础设施建设虽然大多技术含量比较低,但维护和建设需要因地制宜,需要根据当地的地方性特点以及社会、物质环境进行设计、建设和维护。而这些内容并不能从书本上获得,而需要从当地的农民那里获得。所以,在农村基础设施的建设过程中,其需要农民的积极参与。

(二)合理界定政府职责

现在,我国依然存在政府间财权和事权区分不清的情况,这往往导致农村基础设施建设投入不到位。政府应当负责农村基础设施的建设工作,应该根据各地区基础设施的层次性和受益范围合理界定自身职责。大型农村基础设施的建设项目,由中央政府提供;地方和区域的农村基础设施建设项目由各地方政府提供,同时由中央和其他地方政府提供协助,如财力或物力方面。但是政府在农村基础设施的建设过程中有时会存在所需财力与可用财力不对称的情况,这就需要地方和中央进行统一协调。

第四章 加强美丽乡村建设

美丽乡村建设既是美丽中国建设的基础和前提,也是乡村振兴战略的必然要求和内容。在新时期,乡村振兴战略的提出赋予了美丽乡村建设更丰富、更饱满的内涵。目前,我国美丽乡村建设已取得明显成效,但与乡村振兴战略的要求相比仍存在思想认识不足、科学规划滞后、参与主体单一、农村生态环境保护不够、乡村文化传承与保护面临挑战、民生痛点较多尤其是养老服务有效供给不足等突出问题。这需要从多方面加强美丽乡村建设,从而更好地体现和巩固乡村振兴战略的成果。

第一节 注重传统村落文化保护

传统村落是历史文化物化的一种外在表现,是体现历史文化的一种载体,也是延续历史文化的一种独特方式。随着社会经济的发展,城市文化、外来文化一点点地侵入农村,改变着农村的政治、经济、文化等各个方面,同时也改变着农村的村落文化,或使其一点点消亡,或使其失去原有核心价值,最后只剩下一具空壳。所以,传统村落文化的保护在当前的社会经济发展中尤其关键,相关部门应当采取必要措施,及时保护好遗留下来的村落文化,同时尽快挽救已经消失或正被破坏的文化,以最大限度地保护好村落文化。

一、科学规划

关于传统村落文化保护工作的落实,为了更好地体现较强的保护效果,尽量符合美丽乡村建设的基本需求,政府或相关部门重点需要把握好规划工作,重视规划工作的每一个环节,确保传统村落文化能够得到较为全面的保护,其重要文化内涵也能够被很好地保留下来,进而相关部门也就能够制定较为合理的方案进行落实,从而规避可能存在的保护不到位的问题。

（一）把握传统村落文化保护的理念

为了更好地改善科学规划效果，相关部门需要重点把握好对传统村落文化保护理念的创新，明确传统村落文化保护的要求，要因地制宜，确保其能够带来较为理想的实际效益。在科学规划中，政府需要考虑的内容和要素是多方面的，如对传统村落发展的经济水平、主要产业以及传统习俗等，都需要进行详细、全面的调研，如此才能更好地发现传统村落发展中存在的问题，并且把握好需要保护的重要传统村落文化资源，为后续具体保护工作的开展指明方向。理念是村落文化的精神核心，是村落文化拥有永恒生命力的关键。只有把握好理念，村落文化的保护之路才不会走偏，村落文化才能在各种困境中保持生命底色。所以，把握好理念，保持原有的文化底色，才是村落文化长久存在的有力保障。

（二）将短期目标与长期目标结合起来

村落文化的保护绝不是一朝一夕之功，它需要各部门、各种类型的人员协调配合，从大处着眼，从小处着手，制定一系列短期和长期目标，如此传统村落文化的保护工作才能有序地开展起来，因保护传统村落文化而获得的有形的、无形的收益才会源源不断。关于短期目标，政府可以从一些需要投入物力的方面着手，如修建公路、做好环境绿化等，这些工作投入快、见效快，而且可以为其他方面的建设奠定基础。对于长期目标，可以从物力、财力、人力等方面着手，不仅要在外在的环境、房屋等方面进行建设，而且要从人才培养、技艺的传承、特色村落的恢复与保护等方面着手建设，这些项目是长期的，不能操之过急，需要循序渐进、有计划、有步骤地进行，同时可以邀请有关的专家学者，了解村落文化的特点及历史发展渊源，以最大限度地保留或恢复历史原貌，进而找到村落文化原始的生命力所在，使之能够真正发挥传统村落文化的价值。

二、健全保护政策

在传统村落文化的保护工作中，往往还需要重点加强对相关政策法规的完善。因为政策法规是一切行为活动的指挥与约束，有了政策法规，行为活动才有了边界，人们才知道，什么是正确的，什么是错误的，什么该做，什么不该做。

（一）保护政策的制定需要个性化

因为各个区域的传统村落存在着较为明显的差异性，保护目标和基本手段也存在着较为明显的差异，所以政府在保护过程中就需要重点把握好保护政策制定的个性化，给各个不同地区指定相匹配的保护政策，从而形成较为理想的保护效果。保护政策制定的个性化，可以使传统村落文化保持各自独有的个性，体现村落文化的多样性。在这种保护政策的制定中，最为核心的内容就是平衡保护和开发的关系，使传统村落在保护中能够得到开发和延续，保障相应传统村落具备更强的可持续发展能力。

（二）积极听取当地村民的意见

在相关保护政策的制定中，政府还需要参考当地居民的意见和建议，促使其能有更强的参与度。很多村民是本地人，对当地的地理特点、民风民俗、村落建筑的变迁发展历史等相对比较了解，在某种程度上，他们知道什么样的文化才更适合当地的村落，什么样的设计才更能展现当地文化村落的独特魅力。

三、加大保护投入力度

关于传统村落文化保护工作的落实，其对资金以及人员的要求是比较高的。为了较好地实现对传统村落的有效保护，政府需要重点加大对各个方面的投入力度，促使相应传统村落文化的保护工作可以更好地推进。

（一）尽量加大资金投入力度

从资金方面来看，尽量加大资金投入力度是比较关键的一环。传统村落文化的保护以及相关物质环境的修缮都需要大量资金，这也就需要政府部门进行详细的调查研究，准备较为充分的资金，如此才能较好地保证村落文化整体保护的效益。资金的投入是一切行为活动的基础和动力，外在物质环境的建设和修复需要资金的投入，而村落文化的建设和保护更需要资金的投入，甚至是长期的、大量的投入，因为村落文化的修复和建设是无形的，是长期积累的过程，并非一朝一夕就可以完成的。所以，在资金的投入方面，要加大投入力度，而且要做好长期投入的准备。

（二）加大对于人力资源的投入力度

在村落文化的保护过程中，政府需要加大对人力资源的投入力度，因为传统村落文化的保护对于人员的要求比较高。这需要提高专业技术人员的技能水平，鼓励更多的专业人员参与其中，为传统村落文化的保护做出贡献。加强各方面的培训工作，鼓励专业技术人员积极探索、发现问题，使其在保护原有村落文化的基础上，积极创新。关于参与的人员，并非高学历人员参与得越多越好，而是鼓励高素质、高水平的人员积极参与。

四、充分发挥政府的作用

在传统村落文化的保护中,仅仅依靠传统村落自身的力量,或者依赖社会资源,很难使传统村落文化的保护达到较为理想的水平。其需要政府机构积极地参与其中,发挥较强的统筹规划作用,对具体的传统村落文化进行合理的管理,并利用自身的强制力对违规行为进行约束,从而为传统村落文化的保护工作保驾护航。

(一)政府统筹规划

传统村落文化的保护是一项重大的、长期的系统工程,若没有一个完整的、科学的、长期的统筹规划,很难顺利完成,并收获令人满意的效果,这时候政府的作用就显得尤为重要。政府可以成立村落文化保护小组,邀请专业的技术人员及专家学者组成专业技术团队,对村落文化的保护从宏观和微观上进行规划,在对文化内涵进行合理解释的基础上,对村落文化进行保护。政府是整个工作的总指挥,村落文化保护过程中需要的人力、物力、财力都需要政府进行统一分配,所以,政府的统筹规划极其重要。同时,正确合理的规划也是很有必要的,不然很容易造成人力、物力、财力的浪费,甚至还会破坏村落文化原有的历史文化价值,给村落文化的保护及发展带来无法挽救的巨大损失。

(二)政府听取民众意见

政府的统筹规划安排非常重要,能保证各个环节的有效、有序进行,保证整个工作进程的顺利开展,避免过度、肆意浪费人力、物力、财力的情况发生。但是政府对整个工作的统筹规划很难面面俱到,也不可能预料到所有可能发生的事情,哪怕做好了完全的准备,在工作进行的过程中还是会有一些突发情况,这就需要发挥民众的重要作用了。当民众发现问题向政府提出意见或反映某些问题时,政府应对其积极听取并采纳核实,采取相应措施来解决相应问题,因为这些问题若不是亲身经历,政府很难在繁杂的工作中发现这些问题。虚心听取民众意见,也是做好工作的重要步骤。

五、加大宣传力度

保护传统村落文化,除了需要政府科学规划、健全保护政策、加大保护投入力度、充分发挥自身的作用外,相关部门还要通过多种形式对相关的传统村落文化知识进行宣传,加强群众对传统村落文化的保护意识。一是可以通过报纸、网络、广播等对传统村落文化知识进行宣传,将传统村落文化的保护意识传播到群众的日常生活中。二是通过考古工作来加大宣传力度。如在进行考古时，可以通过讲座的方式来增强当地群众的法律意识，还可将考古成果进行展览，以开展发布会的形式让群众意识到传统村落文化保护对于构建繁荣社会和传承文化的重要性，从而使其主动配合考古人员开展工作。三是可以利用一些相关节日来开展保护宣传工作。例如，在国际博物馆日和世界遗产日，可以通过成果展览及专家发言等方式使当地群众深切地感受到村落文化的灿烂与辉煌。四是结合村落文化自身实际，坚持组织开展"走出去"的活动。通过"流动博物馆"的方式，走进校园、社区、乡村、军营等，大力开展区域内历史文化、旅游景点及传统村落文化保护法的宣传普及，这不仅可以为群众送去精彩的文化大餐，而且能够提高村民共同保护传统村落文化的意识，为传统村落文化的保护营造良好的氛围。

第二节　开展美丽乡村建设工作

2013年中央1号文件明确提出"努力建设美丽乡村"的战略布局。自那以后，从国家到地方，大量资金、人力和物力都投入美丽乡村的建设中，且取得了阶段性的进展。同时我们也应看到，无论是在认识上还是在实践上，美丽乡村建设尚存在若干问题，影响了美丽乡村建设的质量和进程。因此，政府需要对美丽乡村建设进行科学定位，科学合理地进行美丽乡村的建设工作。

一、加强美丽乡村顶层设计的系统性、科学性，理顺政府管理职能

（一）坚持系统、科学规划，做好美丽乡村顶层设计

美丽乡村建设是一项具有系统性、复杂性的整体性工程，因此，在政策执行之前，政府要对美丽乡村建设的目标任务、指标体系、整体进程等子要素进行科学、细致及合理的规划。从宏观角度来看，应当把美丽乡村建设置于农村经济社会发展的整体框架中，坚持系统性思维和顶层设计理念，使美丽乡村建设与农村产业发展、文化建设、服务供给、生态维护等有机地统一起来；把美丽乡村建设与乡村振兴战略结合起来，在乡村振兴中规划、设计、推进美丽乡村建设，使之形成长期性、战略性框架，有计划、有步骤、分阶段地稳步推进，同时也要看到其艰巨性，不可急躁冒进、跃进；要针对整个乡村复合生态系统

的要素和行为在时间尺度和空间尺度上进行综合规划，坚持系统论观点及统筹兼顾的工作方法，对美丽乡村建设进行科学谋划、合理设计，设计一个完整的系统架构，然后细化内部指标体系，理顺内部结构。从微观角度来看，应因地制宜地把群众需求与项目设计、建设紧密地结合起来，同时兼顾农村地区的经济发展、人口状况、公共服务等，以需求为导向。避免规划与模式的"拿来主义"，做到渐进式推进美丽乡村建设，按照由点到线到面的逻辑顺序，在实践中切实打造"精品、品牌、力作"，并积极推进美丽乡村建设的试点工作，使之成为美丽乡村建设的新常态。

（二）加强管理与责任落实，完善美丽乡村建设的长效机制

管理与责任落实是做好美丽乡村建设的重要环节。推进美丽乡村建设涉及大量的人、财、物等事项，没有有效的管理和制度机制作保障，不仅很难取得积极的建设成果，而且即便取得了丰硕成果也极易丧失，所以关于美丽乡村建设，必须加强事务管理与责任落实，坚持全国"一盘棋"，形成各级政府及其相关部门有效协调、项目资金等有效衔接的工作局面。

首先，加快美丽乡村建设的规范、标准及机构建设。目前国家对美丽乡村建设虽然颁布了具体文件，但相关规定还是比较宽泛、笼统的，各地区应结合本地特点及特色，进一步细化规则，形成具有可操作性的标准机制。其次，强化完善美丽乡村建设联动、协调机制。美丽乡村建设涉及众多部门、机构及组织等，需以有效的形式或机制强化彼此之间的联动、协调，如成立专门的协调机构，形成"外部会商、内部协调"的工作机制等。再次，强化责任落实，建立长效管控机制。基于对美丽乡村建设的科学系统规划，需要进一步细化各主体、各部门等的职责，使之形成各司其职的工作局面，建立党委牵头负责、各部门及相关主体参与、上下一体共同努力的长效工作模式，使美丽乡村建设进一步科学化与规范化。最后，健全监督与问责机制。依托基层党委政府、村级班子等，加强对美丽乡村建设的检查、督查及不定期抽查，发现问题及时整改，对好的典型及时宣传推广，对违纪违规违法行为严肃问责，从而形成监督与问责长效化、常态化。

二、发挥好政府的引导力，拓宽资金来源渠道，完善多元主体参与机制

福利多元主义理论在福利供给机制上所强调的多元主体责任共担机制，也同样适用于具有福利性的美丽乡村建设。目前，美丽乡村建设最主要的责任主

体是政府，政府的财政投入是建设资金的主要来源。然而，政府财政是有限财政，特别是随着经济发展、社会进步、民生需求的齐头并进，财政支出不断增加，这导致政府财政面对美丽乡村建设对资金的大量需求出现支持乏力、需求回应慢、资金到位时间长等弊端。因此，政府应当进一步拓宽资金来源渠道，构建多元主体参与机制。

首先，根据多中心治理理论，进一步增强政府政策引导的功能，明确政府职能。政府的职能主要体现在规划制定、政策导向、财政支持、部门协调、监督管理、公共服务等方面。在美丽乡村建设过程中，在政府引导下，积极扶持企业参与，鼓励农村自治组织管理，调动农民主体参与的积极性，形成"多元共治"的局面。此举措能够动员、整合各方力量，实现优势互补。其次，创新体制机制，充分调动社会力量参与美丽乡村建设。美丽乡村建设要建立"政府指导、目标引导、乡村主体、科技帮扶、项目带动、多方参与"的工作机制，形成政府政策推动、农民主体参与、企业资本融入、社会组织积极介入的建设格局与发展机制。进一步拓宽资金来源渠道，构建多元化融资、筹资机制，通过发挥企业组织的经济带动作用，利用市场化手段，积极发展、壮大乡村集体经济，建立财政主导、金融支持、企业带动、村集体参与的多元化资金投入体系。要加快政府职能的转变，打通 NGO 参与美丽乡村建设的渠道。通过改善 NGO 参与美丽乡村建设的经济环境、社会环境，提高 NGO 自身参与美丽乡村建设的能力，最大限度地发挥 NGO 在美丽乡村建设中的作用。最后，发挥农村基层组织的作用，发挥基层群众的力量。深入贯彻落实农民群众是乡村振兴与美丽乡村建设主体的政策，立足实际，大力培育发展乡村各类经济组织、社会组织等，充分发挥乡村基层组织在产业发展、公共服务、养老服务、生态环境维护与治理等方面的积极作用。

三、加强主体队伍建设，推进内生动力的可持续发展

（一）培育农民内生动力，增强农民主体性地位

第一，多措并举，提高农民群体对美丽乡村建设的正确认识与参与能力。在政府引导、企业带动、农村基层组织积极参与的基础上，加大美丽乡村建设政策宣传，培育、凝聚农民参与美丽乡村建设的内生动力、活力，增强其主体性地位，发挥其主体性作用，改变目前政府主管、农民顺从或被农民排斥的被动局面。正确处理好政府主导与农民自主管理之间的关系，而不是单凭政府的一厢情愿。建立农民民主参与机制，自始至终都要在规划、建设、管理以及经

营等方面下功夫,确保美丽乡村建设与政府对村庄的规划发展、农民对村庄的美丽愿景的融合统一,真正让美丽乡村建设变成实实在在的乡村发展工程、惠民工程,实现农民心中所想、所要、所求,实现乡村建设、政府政绩的双赢。第二,注重培养与提高农民的乡村建设自主意识,充分发挥农民的主体作用。农民乡村建设自主意识的强弱与农民的素质水平高低正相关,因而需要政府大力培养与提高农民的素养。要强化乡村精神文明建设,把精神文明建设与乡村文化建设、传统文化保护、淳朴乡风培育、农民整体素质提升等紧密联系起来并协调推进,形成美丽乡村建设的系统性发展合力,把美丽、生态、文明、纯净的理念融于农村发展、农业振兴、农民生产生活及自身发展的各个方面,在潜移默化中引导农民的生活方式、行为方式、交往方式及价值取向等逐渐提高,使之与美丽乡村建设相融、相辅,从而推进美丽乡村建设由"政府主导"向"农民自主管理"转变。第三,注重农民自身权益的维护,保障其基本知情权,为其积极参与创造条件。只有从政治上、经济上和思想上将农民组织起来,维护农民的合法利益、主体地位,彻底清除影响农民参与的各种障碍,农民参与美丽乡村建设的积极性、主动性才能提高,美丽乡村建设的活力、发展动力才能增强,农民对美丽乡村建设的主体积极性才能真正被激发出来。为此,政府应当以恰当、灵活的形式建立健全农民参与机制,切实维护农民在美丽乡村建设中的知情权、参与权、决策权和监督权,以参与凝聚力量、以参与激发热情、以参与实干担当,把农民真正变为推进美丽乡村建设的主力军、推动者。

(二)加大人才的培养与引进力度,补足美丽乡村建设的人才短板

乡村缺人才,这是目前乡村振兴战略、美丽乡村建设的重要制约瓶颈,推进美丽乡村建设必须多措并举,真正破解这个难题、补足这个短板。第一,做好本地人才的挖掘与培养。政府对本地各类人才要全面摸排、建档立卡、动态管理,并建立定期培训制度,让其与美丽乡村建设真正相融,在其中尽情地发挥聪明才智,同时实现自己的人生价值。第二,把美丽乡村建设与助贫、脱贫结合起来,对贫困家庭成员要加强技能培训,政府投入兜底,让他们在美丽乡村建设的各个岗位上真正地发挥积极作用,从而助力乡村脱贫攻坚工作。第三,建立人才引进体系。依托乡村振兴战略、美丽乡村建设,利用财税、社保、金融等优惠政策吸引城市人才到乡村就业、创业,"明确创新乡村人才的培育、引进、管理、评价和保障机制,积极鼓励引导农业科技人员、返乡农民工、工商业主'三类人才'入农村创新创业",搭建平台、完善服务载体,为下乡人

才创造良好的条件，打造就业创业的发展环境，将人才资源转变为发展动力，让他们的文化知识、科技项目等在美丽乡村建设中大放异彩。

四、深入挖掘乡村文化的底蕴与特色，注重文化的传承与保护

"留得住青山绿水，记得住乡愁"是习近平对新农村建设的殷殷嘱托，也是对乡村文化传承与保护的厚望。乡村文化的传承与保护是乡村振兴、美丽乡村建设的重要内容，对农村的政治生态、经济生态、文化生态等有着重要影响。然而，在城镇化、工业化快速推进以及市场化纵深发展的影响下，去传统化的潮流、行为、观念及方式等正在向乡村蔓延，正在瓦解、销蚀着乡村文化遗产植根的生态和土壤，给乡村传统文化的保护与传承带来了极大的冲击和挑战，所以推进美丽乡村建设必须做好乡村文化特色的保护与传承，促进美丽乡村建设与乡村文化的挖掘、保护、传承以及弘扬等统筹推进、共同发展。

（一）充分认识乡村传统文化保护的时代价值，确保美丽乡村建设可持续发展的内在动力

厘清美丽乡村建设与乡村传统文化保护的关系，使二者相辅相成、相互融合、相互促进。美丽乡村建设为乡村传统文化的保护提供了强有力的物质保证与良好的生态空间、社会环境、文化氛围。乡村产业与人居环境的升级将会使乡村人口回流，从而形成更具蓬勃生命力的乡村社会形态。在此过程中，通过乡村家风文化建设，传承传统礼仪文化，将会为乡村创造一个更加和谐的社会文化环境，有利于乡村经济、文化的进一步发展。反过来，乡村传统文化的保护也促进了乡村产业的发展、乡风品质的提升、村容村貌的改善，为乡村振兴、美丽乡村建设提供了精神动力。价值重建是化解乡村文化危机的有效途径，需要对乡村传统文化进行再认同、再创新，需要建立城乡文化"互哺"机制，用先进文化来引领、推进乡村文化建设。

（二）将乡村传统文化保护工作做细做强，发挥乡村传统文化在美丽乡村建设中的灵魂作用

良好的生态环境能够促进农村传统文化的传承与发展，而进步的农村传统文化又可以反过来有效地保护农村的生态环境，所以乡村传统文化的保护工作意义重大。鉴于这种情况，政府需要采取有效措施，将乡村传统文化的保护工作做细做强：相关部门需要对乡村传统文化进行全面普查和整理，对目前乡村

传统文化的种类、现状与特色等有清楚的了解与把握，建设集传承人、流行地、特色及精粹等于一体的乡村传统文化信息数据库，为制定乡村传统文化保护规划、政策措施等奠定基础；乡村传统文化的保护需要加强法制宣传与教育，以法制提高人们的保护意识，以法制约束人们的实践行为，同时加大文化保护执法力度，使之形成常态化，对破坏乡村文化遗址、遗产、相关设施等的行为进行严厉打击、惩处，筑牢乡村文化保护的法制之网；建立健全乡村文化保护管理机制与工作考评机制，基于乡村新形势、新变化，从发展乡村文化产业、加强宣传教育、运用科技手段以及建立村落博物馆、展览馆、体验馆、乡愁之地、文化创意园等方面入手，创新乡村传统文化保护手段、保护方式、保护机制；深入挖掘、整理乡村传统优质文化资源，创新发展乡村文化特色产业，引进"有机更新"的思想。结合美丽乡村建设、乡村文化振兴战略，在保证乡村原有特色风貌、乡村文化精神内涵等不变的前提下，推动乡村传统文化与现代元素、现代精神、现代技术等的融合创新，以保护乡村传统文化，促进乡村传统文化在新时代的弘扬与发展。

（三）挖掘与整理乡村传统文化的内涵与特征，使之形成自身特色，避免美丽乡村建设的同质性或模式化

保护以古村落为主要内容的乡村历史文化遗产是乡村文化建设的可行发展模式，是乡村文化建设的最佳选择。政府可以借鉴日本的"一村一品"战略，因地制宜、分类施策地充分、深入挖掘乡村传统文化资源，如古遗址、古建筑、古村落、古景观、古名人、古精神、古技艺等，以乡村特色文化产业的发展为依托，创新发展特色旅游文化、特色文化产品制造、特色文化技艺展示与体验等，同时还要做好政策宣传、文化教育工作，提高农民保护乡村传统文化的意识与责任感。此外，在推进美丽乡村建设与乡村传统文化融合发展的同时，政府还要增强精品意识、品牌思维，制定精品标准、品牌规范，形成有效机制，打造美丽乡村建设、乡村传统文化融合发展的精品力作，并树立品牌形象，使其真正成为能够展示乡村之美、增加农民收入、带动乡村振兴的新时代力量。就像习近平嘱托的那样，在奔小康的道路上，要把绿水青山和乡土文化结合起来，用充满乡土味的"美丽经济"带领大家走上共同富裕之路，真正把绿水青山化作金山银山。

五、改善乡村自然生态环境，加强乡村生态系统建设

从"两山论"的丰富和发展，到习近平的生态文明思想，这些都给乡村振兴和美丽乡村建设指出了可持续发展之路。"美丽乡村不能只美丽一时，乡

村振兴更不能只求短平快。乡村振兴，既要接好国家加大投入的'大礼包'，更要重视可持续发展的制度建设"。乡村自然生态环境的改善与提升是美丽乡村建设的基础性工程，是乡村振兴的直接体现。其不仅直接影响着广大农民生活质量的提升，事关美丽乡村建设的成败，而且是美丽乡村建设可持续发展的关键。

（一）将生态文明理念融入农民日常生活、农业生产等各个方面，改善农村自然生态环境

习近平指出，推动经济高质量发展，决不能再走"先污染、后治理"的老路。要将生态文明理念融入农民日常生活、农业生产等各个方面，这需要统筹做好以下工作：一是严格控制农业生产、养殖及工业发展，大力发展循环型、环境友好型现代生态农业，加强污染治理，实现农村生产、生活废弃物的资源化利用。二是突出基础设施建设，在便民利民、完善功能上下功夫。三是加大财政支持力度，建立专款专用的长效化增长机制。在公共财政预算方面把农村废弃垃圾整治、日常生活保洁等的经费纳入其中。四是动员、组织农民群众，做到田园绿化、庭院美化，在村口、路旁、门旁、地边等重要地点做到规划有特点、落实有成效。五是利用政策推进乡村危房改造以及空心村、废旧宅基地的改造利用，并结合目前的"大社区、中心镇"建设，因地制宜、规划先行、分类施策、稳步推进，促进乡村人口的重新组合，提高乡村人口的聚集密度。六是加大对乡村生活垃圾的分类处理、分类整治力度，全面推行"户集、村收、统运"的垃圾集中处理办法，加大对乡村农户生活污水的排放治理，使之形成规范化与标准化的排放模式，积极整治、改造乡村厕所，清除露天茅坑、粪便池、垃圾间，全面建设无公害、清洁化厕所。

（二）加大监督力度，创新完善环境治理机制和相关考评机制

在乡村振兴战略下，美丽乡村建设是一个漫长的过程，要促进乡村经济、文化的进一步发展，应加大监督力度，完善治理机制和相关考评机制。一是建立绿色GDP考核机制。把经济发展置于生态环境保护与可持续发展的基础之上，实现经济发展与生态环境保护的统一，使GDP指标既能反映经济发展成果，又能体现经济活动所付出的代价。这不仅是科学考核政府绩效的机制，也是建设美丽乡村的必然要求。二是创新乡村环境治理机制。政府应继续推进经济发展方式的转变，在城镇化建设、经济发展、城市扩延、乡村中心镇建设等方面，坚决把生态环境保护、生活环境优化置于首要位置，决不能以牺牲环境、人民健康为代价，从而真正建设美丽宜居乡村。三是加大乡村环境的监督、监测与

管理力度，建设城乡环境监管一体化机制。推进城乡发展规划一体化，把生态环境与民生改善置于发展的关键地位、主要环节，加大对生态环境保护的监督与奖惩力度，彻底扭转长期以来乡村环境被漠视、忽视的现状，从源头上强化对生态环境污染的系统性整治。

（三）提高农村公共服务尤其是养老服务水平，创新农村幸福院建设

十八大以来，党中央始终坚持以人民为中心，始终将广大人民群众的生命安全和身体健康放在首位。在城镇化背景下，大量农村青壮年劳动力进城，导致农村常住人口严重老龄化，农村养老成为民生痛点，农村老人的生命安全和身体健康面临较大风险。无论是乡村振兴战略、美丽乡村建设，还是新型城镇化建设，都必须充分考量这些农村民生的痛点和风险，必须提高农村公共服务尤其是养老服务水平。农村常住人口是农村公共服务的需求主体，政府必须根据农村人口结构变化和民生痛点创新公共服务尤其是养老服务。农村幸福院建设是近年来应对农村常住人口严重老龄化和养老困境的有益举措，但必须进一步补足短板和进行创新服务。一是进一步完善顶层设计，加强制度保障。目前农村幸福院主要依靠各级地方政府的规章制度运行，尚有许多需进一步完善的地方。二是明确农村幸福院的建设规模、建筑规划以及设备、设施的配套标准，建立动态监管和评估体制。三是在乡镇党委政府驻地重点建设乡镇幸福院综合服务中心。基于当事人自愿的原则，尽量将全乡镇失能老人、留守老人、孤寡老人等群体中的亟待照料者转移至该中心，让其集中居住并为其提供较高水平的社会养老服务。四是为乡镇公务人员参与幸福院管理与服务设计合理的激励约束机制。五是做好长远规划，充分考虑农村空心化趋势，防止幸福院将来大量空心化。六是将失能老人作为重点照料对象，创新服务，提高服务质量。针对财力保障难题，要多渠道筹措资金，加大政府购买服务以及福彩公益基金专款划拨的支持力度；充分调动全社会参与的积极性，鼓励慈善捐赠，鼓励社会资本以独资、合资、并购等合作模式进入农村幸福院养老服务市场。

第三节 构建"三治融合"的乡村治理体系

自党的十九大报告提出"加强农村基层基础工作，健全自治、法治、德治相融合的乡村治理体系"以来，如何建设自治、法治、德治相融合的乡村治理体系，发挥"三治融合"对乡村基层治理的作用不仅引起了学界探讨，而且是基层工作者提升工作水平的重要着眼点。在实施乡村振兴战略、增强乡村治理能力的背景下，构建"三治融合"的乡村治理体系显得尤为重要。

一、以自治为基础

自治是乡村治理体系的基础。自治指治理主体在合适的治理结构中依靠治理规则自主进行乡村治理，这里的治理规则既包括正式规则，即法律规范、政策规定等，也包括非正式规则，即村规民约、群众性组织规则等在乡村约定俗成的治理规范。乡村有效治理呼唤自发秩序的回归，所以在"三治融合"的乡村治理体系中，无论是法治，还是德治，最终都需要通过村民自治来执行，自治应该成为乡村治理的基础。这主要体现在以下三个方面。

（一）乡村是最基本的治理单元

当前基层治理语境下的"村"，应该指行政村，而不是自然村，在取消农业税之后，行政村逐渐演化为国家权力进入乡土社会的基本治理单元中。近年来，国家不再从农村汲取资源，而是不断地向农村输送资源，在资源不断下乡的背景下，行政村的汲取功能在制度定位上逐渐向公共服务职能转变，村庄的性质也因此发生变化，由原来的集体行动组织逐渐演化为正式行政制度实践的一个内在组成部分。村庄成为乡镇政府行政实践中不可忽视的重要社区参与力量，逐渐演变成基层社会治理中不可忽视的基本治理单元。此外，乡村社会既是矛盾与冲突产生的重要源头，也是协调利益关系和化解社会矛盾的前沿阵地，乡村成为处理这些矛盾与冲突的重要场所。这便对乡村治理提出了更高的要求，良好的乡村治理不仅有助于乡村社会秩序的稳定，而且有助于推动基层社会治理的创新。由此可见，乡村作为基本治理单元发挥着不可代替的作用。

（二）乡村是发挥基层民主的关键场所

村庄既是农民日常生活的重要区域，也是农民政治生活的关键场所。通过立法来保障村民自治制度的有效实施，目的在于加强民主在基层的实践。村民自治的根本目的便是保证和支持广大人民群众进行自我教育、自我管理和自我服务，是人民当家作主落实到国家政治生活和社会生活中的最直接体现。村民自治制度作为基层群众自治制度在农村的生动体现，是中国的一项基本政治制度，这一制度设计意在充分发扬社会主义民主，调动基层群众进行自我管理、自我教育、自我服务和自我监督的积极性，以及参与村庄管理的主动性。因此，在实施乡村振兴战略的背景下，要积极推进基层民主建设，创建平台与条件来保障村民自治的有效实施，如此才能促进乡村治理体系和治理能力的现代化。

（三）乡村应成为提供基本公共服务的场所

乡村虽然是农民生产生活的重要场所，但更是村民享受基本公共服务的重要场所。目前农村居民享受到的基本公共服务与城市居民相比，还有很大差距。因此，要想真正改变村庄的发展面貌，积极回应农村居民对基本公共服务的需求，政府还必须回归村民自治，以便更好地为村民提供基本公共物品或公共服务。在当前推进乡村振兴战略实施的进程中，人们可以看到部分地区已经开始进行试点，将公共服务重心下移，将乡镇政府承担的公共服务职能逐渐向乡村延伸，并依托村民自治组织承接这部分服务职能，以满足村民的基本需求。但需要注意的是，目前大部分村庄的基本公共服务仍然处于缺位状态，这就要求政府在推进乡村振兴战略的进程中，大力发展村庄集体经济，优化农村基本公共服务的供给机制和财政分担机制，提高自身对农村公共物品或公共服务的供给能力，满足村民多样化的发展需求，如农业基础设施建设、农村法律援助服务和农村老人照料服务等。

二、以法治为原则

法治是国家意志的体现，是由上而下的"硬治理"，无论是城市治理，还是乡村治理，无论是自治，还是德治，都必须在法律的框架内进行，不能超越法律的边界。只有严格进行法治，才能从根本上保障乡村社会公平正义的实现，才能为构建良好的乡村治理格局奠定基础。以法治为原则主要体现在以下三个层面。

（一）法治是乡村治理体系建设的根本保障

在这里，法治强调的不仅是对违反法律规范行为的强制性惩罚，更是通过打击违法犯罪行为培养和强化村民对规则的敬畏意识。在实施乡村振兴战略的大背景下，推进乡村治理体系和治理能力建设必须依法依规进行，要在农村弘扬法治精神，推动乡村逐步形成依法办事、遇事找法和依法维护合法权益的良好社会氛围。同时，政府还应该加强对乡村治理体系的完善，不断提高乡村治理能力，将全面依法治国落到实处，如此才能确保乡村建设在法治的轨道上平稳前行。

（二）村民自治和德治不能超越法律的边界

一方面，依据《中华人民共和国宪法》的规定，村民自治是国家的基本民主政治制度，《村民委员会组织法》给村民自治提供了法律保障，村民可依据法律进行自我管理、自我教育和自我服务，并且可以在村民内部进行民主选举、民主决策、民主管理和民主监督。这一制度的实施有利于发挥基层民主，促进社会主义法治建设。另一方面，德治作为一种更具柔和性的内部治理规则，并不能完全限制治理主体的行为。因此，乡村治理还需要一套具有强制执行特征的外部规则——法治，来处理自治与德治无法处理的事务，并对村庄治理主体的越界行为进行约束和惩治。总而言之，无论是自治，还是德治，都不能超越法律的边界，都必须依法严格规范乡村治理主体的行为，使其依法依规办事，不能产生越界行为。

（三）提供公共服务是社会公民对法治政府的基本要求

现代政府是建立在政治契约基础上的，以追求公民的公共利益最大化为目标，为公民提供公共服务便是现代政府的逻辑起点。但是，中国城乡二元分割的体制，导致城乡发展差距拉大，农村的基本公共服务被忽视，城乡基本公共服务供给不均衡，农村居民的基本公共服务无法得到有效保障，这些严重影响了城乡区域的协调发展。这是政府在农村基本公共服务供给与管理中的缺位、错位和越位现象。所以，本书所强调的法治原则，不仅指乡村治理的主体需要依照法律规范行事，而且指政府需要依法履行其职责，担负起对公民的公共责任，认真履行政府的法定职能，努力促进城乡一体化和基本公共服务均等化，满足农村居民对公共服务的基本需求。这种需求不仅包括教育、医疗等基本公共服务，还包括公共法律服务和公共文化服务等。在实施乡村振兴战略的背景下，政府应该建立健全乡村公共服务体系，搭建联村联户的公共服务平台，如此才能进一步促进法治化政府建设和乡村治理现代化。

三、以德治为特色

德治是乡村治理体系建设的辅助工具，因为道德在调整社会关系方面范围比法律更广泛。同时，伴随着社会变迁和社会转型的加快，乡村社会不断从封闭走向开放，复杂的社会现实对乡村治理提出了更高的要求。法治建设在应对复杂的治理需求时固然重要，但德治作为一种"软治理"，也可以通过发挥文化的作用取得良好的治理效果。以德治为特色主要体现在以下两个方面。

（一）坚持因地制宜和尊重传统，有效发挥文化在乡村治理中的作用

中国地域辽阔，不同区域内的乡村文化有所差异，各地都具有不同的资源禀赋和历史文化，北方农村与南方农村、发达地区农村和欠发达地区农村之间都会呈现出不同的文化特征。所以，乡村治理实践应在遵从法治规范的基础上，

正视中国农村具有区域差异的事实，充分尊重和理解不同地域的传统文化与村治习惯，找准各地的文化特色，调动村庄的"文化精英"积极参与村庄治理，挖掘村庄的本土文化资源，进而充分发挥文化在治理中的积极作用，融入道德的感化力量，真正地将作为"软治理"的德治融进乡村治理的各个方面，这样才能更好地发挥德治在"三治融合"的乡村治理体系中的功能与作用。

（二）德治作为一种非正式治理，可以保证乡村治理的灵活性

自治和法治作为一种正式治理机制，具有不可替代的权威性，是维护基层社会治理有效性的重要保证，具有"硬治理"的特征。而德治作为一种体现不同乡村文化特点的"软治理"，是唯一可以依据不同乡村文化传统、舆论环境等进行调整的治理方式，也是体现地方乡村治理特色的方式。这也导致德治具有鲜明的地域文化特征，不同地域形成的文化传统和乡村规范会有所差异，德治可以在遵循法治的前提下，利用这些文化元素有效地推进自治和法治，提高乡村治理的灵活性。这可以在一定程度上避免在乡村社会治理过程中出现呆板、单调和不合理的情况，提高乡村治理的效率与质量。

上文讨论了"三治融合"乡村治理路径的基本内涵，这一路径强调要以自治为基础、以法治为原则、以德治为特色。需要注意的是，这三者之间不是相互叠加的，也不是自成体系的，而是相互促进和相互支持的。三者构成了一个完整的系统，不能被割裂，只有将这三者深度融合在一起，并建立起互动和对话机制，才能更好地彰显"三治融合"在乡村治理中的作用。

第四节 开展村庄整治建设工作

实施村庄整治是一项具有综合性、全局性的系统工程，牵涉面广，政策性强，工作难度大。作为欠发达地区，其农村村庄普遍存在着布局缺乏规划、农村建房缺乏科学设计、基础设施建设落后以及环境脏、乱、差等现象，这不仅直接影响了农民的生活质量，而且严重制约了农村经济社会的快速发展和全面建设社会主义新农村的进程。政府应当按照统筹城乡经济社会发展的要求，切实加强领导，加大工作力度，加快建设进度，确保目标任务的顺利完成。在具体工作中，政府要做到"五个强化、五个增强"。

一、强化分类指导推进,增强工作的针对性

这主要包括以下几点。一是尊重群众的意愿,因地制宜。广泛宣传村庄整治工作的意义,充分调动广大干部群众的积极性,引导广大农民群众自觉投入村庄整治建设中,充分尊重农民群众的意愿,做到量力而行。二是保护生态,协调发展。把道路沿线景观带和名胜风景区周边村庄环境的整治作为重点,抓住经济条件较好、群众积极性较高、村级班子较强的村先行启动,树立典型,抓好示范,以点带面,推动全县。对一些文化、生态特色村,则采取保护修建的办法,把历史古迹、自然环境与村庄融为一体。切实抓好工程建设的质量,按照规划的要求和有关考核验收的标准,严格把关,确保建一个成一个。三是结合实际,联动实施。在具体工作中,要做到"五个联动",即村庄整治建设与县城饮用水的源头保护相联动,与旅游资源的开发相联动,与乡镇政府所在地的卫生整治相联动,与农产品标准化生产基地的建设相联动,与省道沿线乡村的美化和万里清水河道的建设相联动。

二、强化规划编制落实,增强工作的科学性

规划是龙头村庄布局规划和村庄建设规划,直接关系到村庄整治工程能否顺利推进,关系到村庄整治的特色和水平。这里有几点关于科学性的内容非常重要。一是规划理念体现科学性。村庄整治规划要与城乡一体化规划和其他规划相衔接,同时力求秉承文化传统,融合自然形态,体现时代精神,力求突出乡土味、自然味、民俗味,做好"山、石、水"等特色文章,防止出现千篇一律、万村一面的状况。二是尊重民意体现科学性。规划方案不仅要征求专家的意见,而且要提交村民讨论,真正做到集思广益,保证科学合理,能够为村民所接受,经得起时间的检验。三是发展产业体现科学性。在注意改善硬件设施的同时,还要着力考虑如何通过整治,依托资源优势,发展壮大产业,探索多种形式的建设实践,建设"生态旅游村""农家乐村""红色旅游村""生态茶叶村""香菇专业村""源头保护村",把农村经济搞上去。四是落实规划体现科学性。规划贵在坚持,重在执行。规划一旦依法通过,就要严格执行,以维护规划的权威性和严肃性,发挥规划的指导和控制作用,确保各项建设目标的顺利实现。

三、强化部门协作整合，增强工作的整体性

村庄整治是一项系统工程，需要方方面面的协同作战，进而形成合力。一是各部门正在牵头组织实施的"先锋工程""康庄工程""奔小康工程""双整治、双建设"等活动都应有机融入"村庄整治"的内容，找准结合点，在项目安排、资金扶持、指导服务、力量分布等方面都要有所体现，从而形成建设项目上的"大合唱"和工程资金上的集成优势。二是"村庄整治"领导小组各成员单位都要切实转变职能，主动延伸服务，按照职责分工，认真做好各自的工作，共同推进政策的落实和工作的到位，以加快实施进度，提高工作效率。

四、强化探索创新方法，增强工作的创造性

当前，村庄整治建设中遇到的用地指标紧张、建设资金紧缺问题，已经成为村庄整治工作的瓶颈，这需要政府创新工作方法，努力将其解决。一是突破土地瓶颈。如何抓住和利用好土地总体规划修编的机会，把村庄整治建设过程中遇到的用地瓶颈问题解决好是一个值得思考的问题。结合下山脱贫和农村劳动力转移等工程，积极探索"空心村"的整治办法，加快改造步伐，允许农村占用的合法宅基地按比例置换建房用地。进一步加大对农村土地整理和宅基地整理的力度，搞好内部挖潜，盘活土地存量，为村庄整治创造条件。二是突破融资瓶颈，要积极争取资金。结合当地实际，积极做好与省、市相关政策、项目的衔接工作，以争取更多的资金扶持。与此同时，建立以集体和农民自筹为主、以政府补助为辅、以社会各方力量为支持的多渠道的筹资机制。借鉴城市建设的成功经验，通过市场化运作，积极引导农村基础设施和公益事业的建设由纯公益性向公益性和开发经营性相结合的方式转变，建立多类型、多形式、多渠道的投融资机制，采取招商引资、招标投标等办法，广泛吸纳社会资金参与村庄整治，建设美好家园。

五、强化长效机制建设，增强工作的实效性

村庄整治工程要取得实效，尤其要注重长效管理机制的建立和完善。一是宣传发动。利用群众易于接受的载体和形式，切实加强宣传教育，不断提高农民素质，培养农民文明健康的生活方式。充分发挥村两委的作用，通过加强村两委自身的建设，探索村民自治管理的一些方式方法，改变村民的一些不良的

生产和生活习惯。二是管理拉动。以加强管理为出点，结合各村实际，配备村庄管理、保洁等人员，建立和完善定期大扫除、"门前三包"责任制、卫生招标承包、绿化养护等行之有效的长效管理机制，做到卫生管理工作的规范化、长期化和制度化。三是制度推动。县级有关部门要出台加强村庄环境整治建设长效管理工作的实施意见和考核办法，乡镇一级也要出台相应的意见和办法，对各村定期督查，进行年度考核，确保建设一个巩固一个，杜绝"脏、乱、差"现象的反弹，使村庄整治工作的成效成为新农村建设的一个可以切切实实看得见、摸得着、享受得到的文明硕果。

第五节　建立乡村人才振兴保障机制

人才对实施乡村振兴战略具有重要的推动作用。人才能利用自身专业知识技能和创新思维，通过各种方式帮助乡村实现科技发展、产业发展、生产力变革，能够为发展程度不同的乡村培养适合的技术人员，带动乡村发展。

乡村的落后主要是因为其地理位置偏僻和人才短缺。乡村地区要缩小与发达地区的差距，就必须根据本地区的实际情况选择不同的技术路径和发展战略，尤其是在经济全球化和科学技术日新月异的条件下，更需要通过技术供给来提高乡村自身发展的能力。而技术供给需要人才供给来带动。因此，要根据乡村经济发展的需要和可能，通过人才供给带动生产方式、生活方式和思维方式的改变，从而给乡村的发展注入新的活力。

一、优先发展乡村义务教育事业

青少年是祖国的未来。青少年的成长环境、成长过程决定其自身素质，进而决定中国未来的发展速度和方向。为此，加快乡村义务教育事业的发展，为乡村发展注入新鲜血液、为乡村发展储备优秀人才是乡村可以保持长久发展的重要保障。

（一）教育投入向乡村倾斜

在某种程度上，乡村教育在资源、师资配备、水平等方面与城市相比有很大的差距，从教育的公平性上来说，这是极不合理的。因此，优先发展乡村义务教育，在人力、物力、财力上向乡村倾斜，是体现教育公平性的重要举措，也是促进青少年成长成才、实现其生命价值的最佳途径。政府及相关部门可以在教学环境、教学设备等方面加大投入力度，为青少年创造一个优越的、自由的成长与学习环境，使其在人生的成长阶段，与城里的孩子相比，能少一些差距，在教育的起点方面，能尽量减少一些不平衡。

在一些家庭比较困难、父母常年外出打工的孩子的帮扶方面，政府应该制定相应的资助政策，在物质上和情感上给予其帮助和关怀。可以为其购买课本、练习册、书包、文具等，成立相关的关怀小组，定期去看望他们、陪伴他们，为他们解决生活上、学习上的困难，给予他们精神上的温暖与力量。孩子的童年对其一生有着重要的影响，不仅在学习上，在生活上也是影响深远的。因此，政府及相关部门应该对此予以必要的重视，关注孩子心灵的成长，这对他们的学习和生活有着深远的影响。

（二）加强教师队伍建设

教师是孩子成长路上的引路人，是孩子心灵成长的陪伴者与守护者，对孩子一生的发展有着不可磨灭的作用。一位好的教师，能够影响孩子一生；一句鼓励认可的话，或许可以成就孩子一生。尤其乡村地区，更需要优秀、善良、高素质的教师。因此，教师队伍的建设，在整个青少年的教育过程中是非常关键的一环。政府应当采取相关措施，鼓励高校毕业生回归乡村，支援乡村教育，为乡村教育发展助力。加强教师队伍建设，还要培养教师爱国敬业、与时俱进、宽容善良的美好品质，从而不断发展壮大乡村教师队伍。

除此之外，教师在传授知识的同时，还要结合乡村青少年身心发展的特点，因材施教，不能生搬硬套。要注意保护好孩子的自尊心，在言行举止上，对学生一视同仁，不区别对待，不贬低挖苦，尽量使学生在一种平等、和谐、友爱的环境中成长、学习。要培养青少年国家主人翁的主体意识、国家的事人人有责的参与意识，培养青少年爱国、爱家的情怀，使之将来踏入社会，在物欲横飞的世界里不迷失自己，能够找到自己的人生定位，找到自己人生的价值，并为之奋斗一生。

二、制定相关政策，引进人才

乡村自身经济发展能力弱，而人才要素基本上是自由流动的，且往往流向优势地区，这就使乡村发展所需要的人才和乡村目前所具备的人才相差太大，经济发展所需要的条件难以满足。在这种情况下，国家政策的支持是必不可少的。为此，政策除了要有培养青少年成才的内容外，还要有与高校密切合作、确保人才输入和输出的供需平衡等内容。此外，政府还要鼓励大学生积极主动地加入"大学生村官"的队伍，积极创造条件，通过建立人才保障机制，给大中专毕业生提供较好的就业福利，使之投身乡村的建设之中。同时，政府要大力宣传为乡村做出贡献的人，让社会形成"爱国爱乡，艰苦奉献"的良好风气。政府要结合乡村的气候、土壤等有利因素，筛选出具有发展潜力的新技术，通过引进相关技术的人才，使之带领村民更好地把握新技术，让乡村尽快摆脱落后的局面。

三、留住乡村本土人才

实施乡村人才振兴战略，必须改变一种单向局面，即人才直接流向城市。想要留住乡村本土人才，可以鼓励社会贤达、返乡创业人员、青壮年群体等"人才回流"，这是缓解乡村人才总量不足的根本途径。

首先，加强村民的思想政治教育，转变其价值观念，并调动其学习的积极性，鼓励其在乡村振兴中实现自己的人生价值。其次，充分利用社会贤达的优势。将乡贤组织起来，通过成立顾问团等形式来出谋献策，鼓励其积极实践，从而推动乡村建设，形成良好的乡村文化氛围。再次，因地制宜地发展特色农业优势，为各类回乡的人才提供投资创业的平台。地方政府应积极出台、完善各类返乡人员创业的政策。尤其在财政资金方面要加大投入力度，在金融机构内部设立相应的专柜，为乡村创业人才提供创业信贷服务，并将条件优化放宽，解决好融资难的问题，以此鼓励他们凭借低租金与优惠政策来创办家庭农场、小微企业等，为农村创业增加活力，促进经济的快速发展。

四、选派村民学习技术

建立乡村人才保障机制，除了要优先发展农村义务教育事业、制定政策引进人才外，还需要选派村民去外地学习先进技术，从而建立属于自己的人才储备。村民是生长在这里的，一旦习得了先进的技术和扎实的技能，就可以直接惠及乡村，而且会影响持久。所以，直接培养村民比引进外来人才，在某种程度上，要更有意义。

（一）选派村民学习

乡村除了用党的惠民政策吸引人才外，还可以采取主动的方法，派一些年轻并且勤奋好学的踏实村民去一些发展较好的地区学习，使他们将所学的技术带回乡村，带动乡村发展。成功的经验总有可取之处，虽然不太可能会百分之百可利用，但启发与借鉴还是会有一些的。封闭只会带来落后，乡村要发展必须要走出去，与时俱进，改变自己落后的技术和思想。这是乡村走向成功的第一步。村民外出学习，不仅可以学到先进的现代化理念和技术，而且可以开阔自身的眼界，学习现代化科学知识，为乡村建设找到正确的方向。

选派村民去外地学习可以分阶段地进行，切不可急于求成，一蹴而就。在学习一段时间后，学习者可以将理论应用到实践中，不断调整，最终形成属于自己的、适合自己的理论和模式。同时政府还要派遣不同的人学习不同的技术。人的精力总是有限的，且很难在多方面都做得很好。所以，政府可以选派不同的人在不同时间分批次地学习，使每个人都各有所长，从而为乡村建设贡献力量。

（二）开展职业技能培训

乡村的发展不能全部寄希望于别人，最根本的还是要自力更生，依靠自己，解放自己。政府可以结合乡村的优势在乡村开展职业技能培训，在乡村培养人才，使人才在乡村发展的实践中得到锻炼和检验。在培训时，政府应丰富培训内容，做好分类指导，将侧重点放在技能培训上。将各行业、各种技术的培训区分开来，对农民进行技术操作培训，让他们掌握更多技能。在条件允许的情况下，政府还要加强对技术能手和技艺骨干的培训工作，要根据农村第三产业发展情况和乡镇企业二次创业情况，有针对性地开展工作。

五、加强政策环境建设

习近平指出，创新是第一动力，人才是第一资源。没有良好的环境，创新与人才便无从谈起。因此，要促进乡村的可持续发展，创造良好的发展环境是关键。

首先，不断完善乡村公共基础设施建设。加强交通、网络、住房、医疗等公共服务，推进城乡基本公共服务均等化，提高村民对乡村公共服务的认可度。其次，在待遇上，要向乡村人才倾斜，对有突出贡献的乡村人才适当放宽任职年限等，鼓励优秀的乡村人才建功立业，促进美丽乡村建设，推动城乡一体化发展的进程。再次，构建人才激励机制。政府要积极地引导，构建适宜乡村人才振兴的激励机制，并不断对其优化。通过采取人才职称制度，使人才职称等级的评价流程趋于完善，从而打通人才晋升的通道。加大福利待遇的投入，解除乡村人才的后顾之忧，做好其保障工作。最后，建立乡村人才的评价机制。合理设置评价指标、评价方式，树立重理论、重实践的评价依据，可以使乡村人才评价机制更加灵活。高度重视评价结果，加强人才的管理，使各类人才学有所用、用有所得，在公平竞争中提高各项能力，从而推动乡村人才的振兴。

第五章 国内外传统村落保护规划比较

第一节 国内外传统村落保护规划相关法律法规

一、国外相关法律法规

国外关于传统村落保护工作的开展非常早，国外有关传统村落保护及设计的法规（如表5-1所示），在概念上称为历史小城镇（small historic towns）、古村落（old village and hamlet）和历史村镇（historical towns and villages）等。这与我国的有一些不同，但大体上差距不大。

表 5-1 国外有关传统村落保护及设计的法规

名称	颁布时间	涉及历史村镇、传统村落保护的相关内容
风景名胜保护法	1930	将富有历史、科学、艺术、传奇等或有天然纪念物的地点列为保护对象，其中包括了风景区、自然保护区、村落等
关于历史性纪念物修复的雅典宪章	1931	提出关注文物古迹周边地区的保护，并指出应通过制定法律来保护历史文物
雅典宪章	1933	对有历史价值的建筑和地区进行论述，并提出保护具有历史价值的建筑和地区的意义及原则
国际古迹保护与修复宪章	1964	将文物古迹的保护范围从其所在地扩大到村落以及城市
保护世界文化和自然遗产公约	1972	明确文化遗产的定义及其选定标准，特别强调在设计、材料或环境方面符合真实性标准
关于保护历史小城镇的决议	1975	威胁：经济活力不足、人口外迁、古镇风貌的破坏 措施：国家立法、地方政策、保护规划 成功条件：当地居民的自豪感、责任感和参与程度
关于历史地区的保护及其当代作用的意义	1976	明确历史地区是不可被移动的世界性遗产，所有公民都负有责任，指出历史地区保护思维的内涵所在，并提出相应的保护措施

续表

名称	颁布时间	涉及历史村镇、传统村落保护的相关内容
关于小聚落再生的《特拉斯卡拉宣言》	1982	关注历史建筑及环境资源的不可再生性,提出修复时使用的工艺及材料应注重地域性
保护历史城镇与城区宪章	1987	城镇和城区的保护、保存和修复及其发展并和谐地适应现代生活 历史特征、物质和精神财富,地段和街道的格局与空间形式,建筑物和开放空间的关系,建筑内外面貌,与周围环境的关系,历史功能和作用
关于乡土建筑遗产的宪章	1999	提出对乡土性保护的重要性,并指出乡土性的保护手段
保护非物质文化遗产公约	2003	口头传说和表达,表演艺术,社会风俗、礼仪、节庆,有关自然界的认识和实践,传统手工艺技能,确保非物质文化遗产的生命力
关于建筑文化遗产分析、保存和结构修复原则	2003	提出建筑文化遗产自身的特殊性,从不同方面指导其修复

从这些宪章的制定中可以看出,很多国家都对历史建筑、历史街区、历史小城镇、历史村落给予了一定程度的重视,关注层面更加广泛,保护工作也更加细致,且都取得了较好的成绩。

二、国内相关法律法规

乡村发展及规划的法律规范是约束乡村发展及规划行为的准绳,也是乡村规划编制和各项建设必须遵守的行为准则。在我国,1993 年编制了第一部与村庄相关的条例,这意味着村庄规划进入了规范建设阶段(如表 5-2 所示)。在此后的几十年中,不断有条款更加详细,专业化的法律、条例和办法出台,为村庄的发展规划建设做出了指引。

表 5-2 我国有关传统村落规划法律体系

名称	层面	发布单位	涉及历史村镇、传统村落保护的相关内容
村庄和集镇规划建设管理条例(1993.11)		建设部	任何单位和个人都有义务保护村庄、集镇内的文物古迹、古树名木和风景名胜、军事设施、防汛设施,以及国家邮电、通信、输变电、输油管道等设施,不得损坏

续 表

名称	层面	发布单位	涉及历史村镇、传统村落保护的相关内容
村镇规划标准（1993）	—	—	镇、村历史文化保护规划必须体现历史的真实性、生活的延续性、风貌的完整性，贯彻科学利用、永续利用的原则 镇、村历史文化保护规划应结合经济、社会和历史背景，全面深入调查历史文化遗产的历史和现状，依据其历史、科学、艺术等价值，确定保护的目标、具体保护的内容和重点，并应划定保护范围：核心保护区、风貌控制区、协调发展区三个层次，制定不同范围的保护管制措施 划定镇、村历史文化保护范围的界线应符合规定 镇、村历史文化保护范围内应严格保护该地区历史风貌，维护其整体格局及空间尺度，并应制定建筑物、构筑物和环境要素的维修、改善与整治方案，以及重要节点的整治方案 镇、村历史文化保护范围的外围应划定风貌控制区的边界线，并应严格控制建筑的性质、高度、体量、色彩及形式，根据需要划定协调发展区的界限 镇、村历史文化保护范围内增建设施的外观和绿化布局，必须严格符合历史风貌的保护要求 镇、村历史文化保护范围内应限定居住人口数，改善居民生活环境，并应建立可靠的防灾和安全体系
村镇规划编制办法（试行）（2000.2）	—	建设部	编制村镇规划一般分为村镇总体规划和村镇建设规划两个阶段 对中心地区和其他重要地段的建筑体量、体型、色彩提出原则性要求 村镇建设规划可以在村镇总体规划和镇区建设规划批准后逐步编制 只提出镇区编制要求，村庄适当简化，未单独规定
中华人民共和国文物保护法（2002.10）	国家法规	中华人民共和国第十届全国人民代表大会通过	为进行文物保护工作制定的法律，其中部分条款规定符合标准的村落申请成为历史文化名村，其保护工作按照《历史文化名城名镇名村保护条例》执行

续 表

名称	层面	发布单位	涉及历史村镇、传统村落保护的相关内容
北京历史文化名城保护条例（2005.5）	地方法规	北京市第十二届人民代表大会常务委员会第十九次会议通过	尚缺乏具有可操作性的配套政策和法规细则提供完善的法律保证和实施指导
县域村镇体系规划编制暂行办法（2006）	—	建设部	对涉及经济社会长远发展的资源利用和环境保护、基础设施与社会公共服务设施、风景名胜资源管理、自然与文化遗产保护和公众利益等方面的内容，应当确定为严格执行的强制性内容 编制县域村镇体系规划，应当延续历史，传承文化，突出民族与地方特色，确定文化与自然遗产保护的目标、内容和重点，制定保护措施
历史文化名城名镇保护条例（2008.7）	行政法规	国务院第三次常务会议	保护规划应当包括下列内容： 保护原则、保护内容和保护范围 保护措施、开发强度和建设控制要求 传统格局和历史风貌保护要求 历史文化名村的核心保护范围和建设控制地带 保护规划分期实施方案 保护措施有以下条款： 历史文化名村应当整体保护，保持传统格局、历史风貌和空间尺度，不得改变与其相互依存的自然景观和环境 历史文化名村所在地县级以上地方人民政府应当根据、当地经济社会发展水平，按照保护规划，控制历史文化名村的人口数量，改善历史文化名村的基础设施、公共服务设施和居住环境 在历史文化名村保护范围内从事建设活动，应当符合保护规划要求的，不得损害历史文化遗产的真实性和完整性，不得对其传统格局和历史风貌构成破坏性影响 在历史文化名村保护范围内禁止进行的活动 历史文化名村建设控制地带内的新建建筑物、构筑物，应当符合保护规划确定的建设控制要求 对历史文化名村核心保护范围内的建筑物、构筑物，应当区分不同情况，采取相应措施，实行分类保护 历史文化名村核心保护范围内的历史建筑，应当保持原有的高度、体量、外观形象及色彩等 在历史文化名村核心保护范围内，不得进行新建、扩建活动，但是新建、扩建必要的基础设施和公共服务设施除外 城市、县人民政府应当在历史文化名村核心保护范围的主要出入口设置标志牌 历史文化名村核心保护范围内的消防设施、消防通道，应当按照有关的消防技术标准和规范设置

续 表

名称	层面	发布单位	涉及历史村镇、传统村落保护的相关内容
村庄整治技术规范（2008.8）	行业规范	住房和城乡建设部、中国建筑设计研究院	历史文化遗产与乡土特色保护的一般规定 保护措施： 历史文化遗产与乡土特色保护应符合下列规定： 保护范围的划定和管理应按照《中华人民共和国文物保护法》《城市紫线管理办法》执行，保护范围内严禁从事破坏历史文化遗产和乡土特色的活动 具备保护修缮需求和相应技术、经济条件的村庄，应按照历史文化遗产与乡土特色保护要求制定和实施保护修缮措施 暂不具备保护修缮需求和技术、经济条件的村庄，应严格保护遗存与特色现状，严禁随意拆除翻新，可视情况严重程度适当采取临时性、可再处理的抢救性保护措施 历史文化遗产与乡土特色保护措施，应以保护历史遗存、保存历史和乡土文化信息、延续和传承传统、特色风貌为目标，主要包括下列内容： 1. 历史遗存保护主要采取保养维护、现状修整、重点修复、抢险加固、搬迁及破坏性依附物清理等保护措施 2. 建（构）筑物特色风貌保护主要采取不改变外观特征，调整、完善内部布局及设施的改善措施 3. 村庄特色场所空间保护主要采取完整保护特定的活动场所与环境，重点改善安全保障和完善基础设施的保护措施 4. 自然景观特色风貌保护主要采取保护自然形貌、维护生态功能的保护措施 历史文化遗产的周边环境应实施景观整治，周边的建（构）筑物形象和绿化景观应保持乡土特色并与历史文化遗产的历史环境和传统风貌相协调 文物保护单位、历史文化名村保护范围及建设控制地带内的村庄整治应符合国家有关文物保护法律法规的规定，并应与编制的文物保护规划和历史文化名村保护规划相衔接 历史文化名村的整治工作应保护村庄的历史文化遗产、历史功能布局、道路系统、传统空间尺度及传统景观风貌，并应按照国家法律法规的有关规定制定、实施保护和整治措施 整治规划技术规范中含有较多的数值建设标准，有关历史文化、乡土特色的部分则没有具体数据规定

续 表

名称	层面	发布单位	涉及历史村镇、传统村落保护的相关内容
中华人民共和国城乡规划法（2008）	国家法规	全国人大常务委员会	乡规划、村庄规划应当从农村实际出发，尊重村民意愿，体现地方和农村特色 乡规划、村庄规划的内容应当包括规划区范围、住宅、道路、供水、排水、供电、垃圾收集、畜禽养殖场所等农村生产、生活服务设施、公益事业等各项建设的用地布局、建设要求，以及对耕地等自然资源和历史文化遗产的保护、防灾减灾等的具体安排，乡规划还应当包括本行政区域内的村庄发展布局 历史文化名城、名镇、名村的保护以及受保护建筑物的维护和使用，应当遵守有关法律、行政法规和国务院的规定
镇（乡）域规划导则（2010）	—	住建部	历史文化和特色景观资源保护： 存在自然保护区、风景名胜区、特色街区、名镇名村等历史文化和特色景观资源的镇（乡），应参照相关规范和标准编制相应的保护和开发利用规划（或采用规划专题的形式），达不到自然保护区、风景名胜区、特色街区、名镇名村等设立标准，但具有保护价值的历史文化和特色景观资源，应提出保护要求 镇（乡）域历史文化和特色景观资源保护规划图为非必做项目
村庄整治规划编制办法（2013）	—	住建部	关于改善村庄风貌的内容，主要包括以下几点： 村庄风貌整治：挖掘传统民居地方特色，提出村庄环境绿化美化措施；确定沟渠水塘、壕沟寨墙、堤坝桥涵、石阶铺地、码头驳岸等的整治方案；确定本地绿化植物种类；划定绿地范围；提出村口、公共活动空间、主要街巷等重要节点的景观整治方案，防止照搬广场、大草坪等城市建设方式 历史文化遗产和乡土特色保护：提出村庄历史文化、乡土特色和景观风貌保护方案；确定保护对象，划定保护区域；确定村庄非物质文化遗产的保护方案，防止拆旧建新、嫁接杜撰

续 表

名称	层面	发布单位	涉及历史村镇、传统村落保护的相关内容
历史文化名城名镇名村保护规划编制要求（试行）		住建部 国家文物局	历史文化名镇名村保护规划应当包括以下内容： 1. 评估历史文化价值、特色和现状存在的问题 2. 确定保护原则、保护内容与保护重点 3. 提出总体保护策略和镇域保护要求 4. 提出与名镇名村密切相关的地形地貌、河湖水系、农田、乡土景观、自然生态等景观环境的保护措施 5. 确定保护范围，包括核心保护范围和建设控制地带界限，制定相应的保护控制措施 6. 提出保护范围内建筑物、构筑物和历史环境要素的分类保护整治要求 7. 提出延续传统文化、保护非物质文化遗产的规划措施 8. 提出改善基础设施、公共服务设施、生产生活环境的规划方案 9. 保护规划分期实施方案 10. 提出规划实施保障措施 编制历史文化名镇保护规划，应当对所在行政区范围内的有历史文化价值的村、文物古迹和风景名胜等提出保护要求 编制历史文化名镇、名村保护规划应提出总体保护策略和规划措施，包括以下几点： 1. 协调新镇区与老镇区、新村与老村的发展关系 2. 在保护范围内要控制机动车交通，交通性干道不应穿越保护范围，交通环境的改善不宜改变原有街巷的宽度和尺度 3. 保护范围内的市政设施，应考虑街巷的传统风貌，要采用新技术、新方法，保障安全和基本使用功能 4. 对常规消防车辆无法通行的街巷提出特殊消防措施，对以木质材料为主的建筑应制定合理的防火安全措施 5. 保护规划应当合理提高历史文化名镇名村的防洪能力，采取工程措施和非工程措施相结合的防洪工程改善措施 6. 保护规划应对布置在保护范围内的生产，储存爆炸性、易燃性、放射性、毒害性、腐蚀性物品的工厂等，提出迁移方案 7. 保护规划应对保护范围内污水、废气、噪声、固体废弃物等环境污染提出具体治理措施 8. 编制历史文化名镇名村保护规划，应当对核心保护范围内的建筑等提出保护要求与控制措施

续表

名称	层面	发布单位	涉及历史村镇、传统村落保护的相关内容
历史文化名城名镇名村保护规划编制要求（试行）	—	住建部国家文物局	其主要包括以下几点： 1.提出街巷保护要求与控制措施 2.对保护范围内的建筑物、构筑物进行分类保护，分别采取以下措施： ①文物保护单位：按照批准的文物保护规划的要求落实保护措施 ②历史建筑：按照《历史文化名城名镇名村保护条例》要求保护，改善设施 ③传统风貌建筑：在不改变外观风貌的前提下，维护、修缮、整治、改善设施 ④其他建筑：根据对历史风貌的影响程度，分别提出保留、整治、改造要求 3.对基础设施和公共服务设施的新建、扩建活动，提出规划控制措施 编制历史文化名镇名村保护规划，应当对建设控制地带内的新建、扩建、改建和加建等活动，在建筑高度、体量、色彩等方面提出规划控制措施 历史文化名镇名村保护规划的近期规划措施，应当包括以下内容： 抢救已处于濒危状态的文物保护单位、历史建筑、重要历史环境要素，对已经或可能对历史文化名镇名村保护造成威胁的各种自然、人为因素提出规划治理措施 提出改善基础设施和生产、生活环境的近期建设项目 提出近期投资估算

  这些法规性文件可以分为指导普遍性村落的规划设计和历史文化名村的规划设计，前者适用于我国绝大多数的村落建设，后者则是专口针对历史文化名村而制定的。从这些规范的内容来看，技术性指标最为明确且详尽的当属《村庄整治技术规范》。

  目前我国有关村庄的规划种类较多，如村镇总体规划、乡村布点规划、乡村建设规划、村落风貌整治规划、易地扶贫搬迁规划、农村危房改造及抗震安居工程示范村、乡村旅游规划、美丽乡村规划、历史文化名村保护规划、传统村落保护发展规划等。

  这些乡村规划设计的标准和技术规范并不算很多，现行的综合性标准与技术规范主要就是《村镇规划标准》（1993）、《村庄整治技术规范》（2008）、《村镇规划卫生规范》（2012）。《村镇规划标准》主要对人口预测及规模分级、用地分类及计算、建设用地标准、各类用地及建筑规划设计要求等方面做出了规定。《村庄整治技术规范》对村庄的安全与防灾、给排水设施、垃圾收集与处理、粪便处理、道路桥梁及交通安全设施、坑塘河道、公共环境、生活用能等方面进行了技术上的规定,对于历史文化遗产与乡土特色保护给出了指引性措施。《村镇规划卫生规范》属于专业性技术规范,对村镇规划的各类用地选择、卫生防护距离等进行规范。

对于历史文化名村来说,以上三个标准与技术规范也可以使用但不完全适用,重点区域的保护措施显然要更加严格。《历史文化名城名镇名村保护条例》中的规定是一个宏观的指引性规范,包含了历史文化村落规划中所涉及的各项问题,在方方面面都有所规定,但却没有像《村庄整治技术规范》那样给出具体的数据标准、技术路线,所以说它更倾向于指引性规范。历史文化名村的规划标准和技术路线是国内许多高校和权威性学者经过多年的实践工作与共同研讨确定下来的,在 2012 年,其整合出台了关于历史文化村镇保护规划的技术路线、评价体系、特色街区保护及再利用等九项研究成果,系统地规范了历史文化名村的规划制定工作。

因为传统村落的概念提出较晚,所以目前并没有专门针对它的法规性文件来约束和指导其规划工作,住建部发布的《传统村落保护发展规划编制基本要求(试行)》中要求编制传统村落保护发展规划时可参考《历史文化名城名镇名村保护规划编制要求(试行)》。而《历史文化名城名镇名村保护规划编制要求(试行)》本身的内容也缺少很多明确的量化数据标准,所以普遍性村落规划技术规范和历史文化名村的技术规范都在使用中。目前已经正式出版的关于传统村落规划技术指导的书籍有张杰、张军民等人所著的《传统村镇保护发展规划控制技术指南与保护利用技术手册》。其上篇是传统村镇保护与发展规划控制技术指南,下篇是传统村镇保护与利用技术手册,针对不同地域传统村镇的特点,提出了保护利用技术、控制原则和发展指导等。

第二节 国内外传统村落保护规划相关理论研究

一、国外相关理论发展研究

国际上对历史文化遗产的重视时间非常早,且重视程度也很高,在具体的保护措施上做得也比较到位。这在研究成果上有很大的体现。目前对于历史城镇、村落的有效保护研究理论已经成熟。

（一）历史文物、建筑的保护与修复

在19世纪50年代，法国学派代表维奥莱·勒·杜克为古建筑保护的先锋，在巴黎圣母院被严重破坏的情况下接手了历史建筑保护修复的工作。杜克认为采用风格式修复能够更好地还原古建筑的风格，同时还加入了自身对建筑价值的理解，从而给予了建筑新的生命力。可以说，这种修复理念不是完全地复制或拷贝历史，而是基于现代化审美特色对建筑的二次加工。这种理念使历史建筑的保护理论有了一次质的飞跃。从18世纪末到20世纪60年代的200多年间，国外历史建筑保护修复理论在实践中得到了有效的升华。其中法国人杜克就提出在修缮古建筑时，要基于建筑本身的艺术特色，并融入法国的艺术风格，这在一定意义上提升了古建筑的价值，形成了人们常说的"法国派"。英国人莫里斯认为，通过有效的建筑修缮可以延长古建筑的寿命，这成为"英国派"的理论，此外还有意大利人诺万尼提出的古建筑风格应当和其历史风格相统一的"意大利派"。欧洲古建筑的修缮风格也受到了这三种学派的影响。

（二）保护规划方法

具体的研究理论和保护理论是和实践结合在一起的，会随着实践的发展而发展。在1999年，学者佩德伯恩对泰晤士河保护区的格兰吉尔老城进行了考察，对格兰吉尔老城的历史建筑群、整体村庄环境以及其整体视觉感等进行了综合评定，并对这座老城进行了整体的保护规划；在1998年，学者范斯波尔在经过各种实践后提出，可以在历史城区之外建立一道缓冲区，这样就可以有效地保护历史城区了。他的这种理论具有很强的现实意义。所以很多国家和地区在老城区的保护中都采用了他的这套理论。

（三）保护与发展的有机结合

对传统村庄的保护和发展是人们长期关注的焦点。1995年，意大利学者蒂耶尔认为，单纯地对历史城镇进行保护的思想是错误的，还应当依靠当地的经济才能更好地保护历史城镇。只有在发展和保护中找到平衡，对历史城镇的保护工作才算做到位了。1996年，有学者强调，在传统历史村庄的保护中，市场机制是非常重要的，运用市场机制来保护历史村庄能较好地将经济发展和历史保护有机地结合在一起。1999年，佩德伯恩在自身研究中也提出了加强社会参与对传统村庄保护的重要意义和作用。

（四）乡土建筑和聚落保护

在关于乡土建筑和聚落保护的研究中，很多新颖的研究方法出现了，并且研究的侧重点也有很多的不同。如学者拉波波特就对全世界很多国家和地区的聚落进行了调研，并对这些聚落的建筑群、人文特色等影响因子进行了分析。他认为，关于聚落的保护，主因是其社会文化，其他的工艺、技术等都是次因。在2002年，日本学者藤井对全世界的聚落文化也进行了一系列的调查研究，提出了不同区域对聚落形态的影响。可以说，目前全世界对历史文化遗产和村落的保护研究非常重视，并且在常年的研究中，取得了很大的成绩，这些研究理论对于实践也有很强的指导意义，也为保护实践工作提供了巨大的理论支撑。目前全世界对历史文化保护的研究范围也在不断地扩大，从最初的宏观研究到后来的微观研究，在保护的技术上也运用了各种现代化设备，这就使保护力度得到了有效加大。而且保护文化遗产的人员也不再限于专业人员，很多基层人员如社区居民等也自发参与到其所在地区的文化遗产的保护工作中。

二、国内相关理论发展研究

我国对历史村庄的重视和保护的研究起源于20世纪80年代，在近40年的不断发展中，很多领域如建筑学、地理学等都对古村庄的保护工作提供了重要的帮助。随着其他领域如历史、经济、文化等的先后介入，我国对历史村庄的研究开始进入全面发展时期，并开始陆续取得多项成就。

（一）历史村镇保护的研究

在20世纪90年代末期，学者刘林生在研究中植入了文化地理学的概念，并将这种概念应用到乡村聚落的专项研究中。他认为，目前我国大部分传统村落还延续着"天人合一"的哲学思想，这种思想和我们现在说的"人和自然"的协调关系有很大的相似性。这种"天人合一"的思想对于保护这些古乡村具有很好的现实意义。陈志华早在20世纪90年代也对我国江浙地区的古村落进行了大量的实际调研工作，并且针对调研结果出版了很多著作，如《诸葛村研究报告》等。他在作品中对我国江浙地区的古村落的特色和文化价值进行了深入分析，并针对不同的村落给予了不同的文化保护策略。这些针对性很强的保护理念和保护措施很好地推动了江浙地区的古村落保护工作的开展。学者楼西认为，古村落并不是遗址，而是依然充满生机的村庄，不能单纯地保护，还需要对其进行一定的改造。由于这些古村落的地理环境、人文景观和都市生活的环境、景观有着非常大的区别，所以他认为，通过开展"适度的旅游开发"，不仅能够很好地促进当地经济发展，而且能在发展中有效地加强地区的原文化、历史的保护。关于古村落的保护还有很多方面需要得到重视，如建筑的产权、土地政策的改变、村镇的管理机制、村民的权益等，只有协调好这些问题，才能说有效地保护了这些乡村文化建筑。

（二）村落保护和利用的研究

周俭等学者在文化、经济、旅游、生态环境等不同方面对古村庄的发展提出了不同的发展方向。他提出了"发展中促进保护，保护中带动发展"的理念。学者邹林芳通过对古村落的自然特征和特点进行论述，认为古村落的价值体现在文化、生活方式的不同等方面，同时他也认为需要处理好在保护遗产和经济开发中出现的问题。如旅游这种绿色经济虽然能够带动古村落的发展，但也会因过度开发而给古村落的发展带来不可逆转的损失。在大量的实践分析后，他认为若经济利益和保护文化遗产有冲突，那么必须坚持"发展旅游能够有效提升古村落当地经济发展，同时也能够有效加强古村落文化保护的力度和强度"和"保护古村落也是保护当地旅游资源"的原则。学者提出了"在保护中求发展、在利用中求发展"的观点。学者叶云在其著作《城市结合部的传统村落的发展之路》中提出，当前城市的不断规模化给离城市并不远的传统村庄带来了很大的发展契机。所以拒绝这种发展中带来的革新是不现实的，也不符合人们的期望。所以只有走主动求变的模式，通过"发展—挖掘—创新"的机制才能有效地处理好发展和保护的关系。政府应该和传统村庄的村民进行沟通，以一种合适的方式进行发展与保护，这样才能使政府、村民、开发商的利益需求都能在一定程度上得到满足。这样也可以依托城市的强大资源优势，更好地保护传统村庄的原生态环境。

（三）关于保护与原住民的关系研究

学者卢松等人在其著作《基于旅游发展需求的传统村庄居民类型分析》中认为，要想很好地对这些原生态的传统村庄进行旅游开发，就要对传统村庄的旅游开发保持一个正确的认识和态度。卢松对安徽南部的传统村庄进行了较为深入的调查。他将安徽的传统村庄居民分成了狂热支持者、左右矛盾者、理性支持者、中立者和反对者几种类型。然后其将这一数据分析和国内其他的居民类型进行了对比，从而看到我国传统村庄居民对旅游开发的热度从过去的盲目支持变成现在的趋于理性，认识已经较为成熟。很多传统村庄居民不再一味地对物质生活有迫切的期待，反而期望传统村庄能够获得长足的发展，这就需要很好地保护传统村庄周边的自然环境、维护当地的风土人情，房屋构建也要遵循整体的风格。在此基础上，再逐步改善当地居民的生活条件和生活环境。自然旅游的基础搭建好了，自然旅游开发的工作就会水到渠成。

通过以上学者的分析可以看到，目前我国关于传统村庄的研究范围和研究方向在不断地发展，有无数的学者参与进来，这对于加强传统村庄的保护有很大的作用。

第三节　国内外传统村落保护规划研究相关实践

一、国外传统村落保护规划研究实践

国外关于传统村落保护规划的实践工作也起步很早，并且流派较多，下面我们依照国家分类，选取比较有代表性的实践方式进行分析。

法国的乡村保护规划发展是从缓解大城市的人口压力开始的。其在建造乡村新城的同时也能促进乡村建设。随后为了推动落后地区的经济发展，其又推行了乡村发展规划与基础设施优化规划。到了1990年，其颁布了《空间规划和发展法》，设立区划类型，对不同的乡村类型采用新乡村复兴政策。目前的规划重点是对有发展优势的乡村提供各种政策和经济上的帮助，以促进该地区经济的进一步发展。

英国的乡村保护规划一直遵循着一个方针，就是"乡村的发展巧保护"，具体的规划手法是先根据长期发展目标将乡村分为发展型、静止型和衰落型，然后将发展前景差的乡村中的居民迁出，合并到城镇或发展前景较好的大型村落中，相关部门在这些优势村落中建设完善的基础设施、公共服务设施，同时控制无序建设，集约地使用建设用地，这个规划理念实施的效果比较到位。

德国的乡村更新规划着重于对村庄基础设施和公共服务设施的完善，以及为了扩建道路而拆除不少建筑物。随后为了保持乡村特色风貌、促进乡村自我更新，开始注重对空间形态和自然环境的合理规划。目前对乡村的规划重点在于促进整体的发展与鼓励居民的参与。

日本的"造村运动"是比较有代表性的一种建设方法。这是为了避免城市与乡村的发展差距过大，使乡村丧失其传统社会形态而设定的。具体措施是通过资金扶持，加大基础设施的建设力度，改善村民的生活水平，鼓励农村自行发掘其经济增长点，也就是"一村一品"的运动，并开发旅游业等促进乡村的发展。

总体来说，西方国家对传统村落的保护多于保存，更关注其可持续发展。在保护规划方面，只有遗产保护规划这一项内容的研究，并不重视将历史文化

村镇或传统村落这样的概念作为研究对象。2013年出台的《历史遗产保护规划导则》是比较新的保护理念与引导法则。它认为保护和发展应相辅相成。保护规划是一种陈述保护对象的历史文化价值和意义的规划,主张相关部门应采取适当策略在使用和发展中保留这些价值。这个过程对于大部分地区来说就是对变化的管理。

二、国内传统村落保护规划研究实践

(一)我国相关研究

关于传统村落规划编制的各种形式,刘渌璐通过对广府地区的传统村落保护规划进行调查与对比,以及之后对实施情况进行跟踪后,发现了当今传统村落保护规划编制的一些规律、手段、优势与不足,提出了规划今后的改进方向,并制定出一套实施效果评估系统,以便于设计师从中发现问题、解决问题。

目前我国的城市及乡村规划主要是由政府及设计、施工单位等一系列专业人士执行的,村民自制作用与政府主导作用的消长让规划的编制与实施过程难以在乡村中得到充分落实。曹春华就在他的两篇文章中讲到了乡村规划在指导乡村建设中遇到的一些困难,并总结出几条原因。第一个原因是规划编制成果中存在的问题是技术性太强,文字表达专业且枯燥无味,难以被广大农民群众所接受和理解。第二个原因是乡村规划后的建设管理对象与城市不同,其是农民个体的建房行为,更加分散与广泛。另外,"一刀切"式的改造行为会给农民造成经济负担,且满足不了农民更高的实际需求。

有一些研究提出在规划编制工作中运用设计导则表的方法,如何峰提出建立传统村落村居新"原型"的必要性,以及该设计和新区的规划设计要采用刚性与弹性相结合的原则,这有利于新"原型"的顺利实施。李王鸣和江勇通过总结浙江省村庄规划编制,发现种类众多的各种规划一般着眼于大的发展方向,因此还需要相关部门进行更加详细的建设指导才能使规划具体落实到村民自主建设上。曾飞认为设计导则具有具象性、控制性、指引性、整体性的特点,所以相关部门可以在规划过程中和成果表达过程中运用一些导则的表达方法。目前,指导村庄建设的规划、设计种类比较多,其各自成为一个体系,且每一个都有着自己的优势,但又互相有着重叠的职能。同时农民的文化水平和专业能力限制了其对这些五花八门的设计成果的理解,所以无论设计有多么精彩,也不能真正被实施。张艳明指出村镇住宅产业化开发模式可选择标准图集与住宅示范相结合的引导模式。

（二）我国相关工作重点

西方发达国家的城市规划编制重点经历了六个阶段，即注重物质空间的阶段、注重经济发展的阶段、注重环境保护的阶段、注重社会公平的阶段、注重生态建设的阶段、注重文化榜样的阶段。我国的规划发展时间较晚，目前相当于处在以物质空间规划为主，开始关注经济发展和环境保护的时期。历史文化村镇的保护规划也是同样的，而且传统村落的概念被确定后，其规划中添加的"发展"二字更加说明了社会各界对乡村经济发展的关注。

在2003年第一批国家级历史文化名镇名村名单公布前后，历史村镇的规划都是参照《历史文化名城保护规范》来执行的，一些专门研究村镇的文献也与名城保护规则的范畴相差不大。在2008年国家颁布《历史文化名城名镇名村保护条例》之后，各项关于历史文化村镇保护规划的研究逐渐增多，并且很多研究开始关注未被录入名村名镇名单中的传统村镇的保护工作了。如上面提到的《传统村镇保护发展规划控制技术指南与保护利用技术手册》的撰写，就为传统村镇的规划制定了建设性的保护措施。黄家平等人认为，在保护规划的制定中，对现状基础资料的收集与分析工作应该被列为重点，随后又提出了历史文化名村镇保护规划的技术路线。

（三）传统村落保护规划制定思路

根据目前已有的传统村落保护规划成果及编制参照规范来看，其大致可以被划分为两种：第一种是立足于文物保护，从问题与对策入手，分析其存在的价值与目前存在的问题，然后进入规划层面，提出保护的措施与对策；第二种是以村庄规划为基础，先对村庄各项工作做出统筹安排，然后再进入文物保护范畴，针对村庄特有问题进行解决。

表 5-3 传统村落保护规划制定思路

规划编制思路	文物保护思路	村庄规划思路
编制形式	规划形式	规划形式
两者关系	保护思路主导，规划手法操作	规划思路主导，规划手法操作，保护部分作为其中的专项规划部分
技术流程	提出问题—解决问题	村庄规划体系

这两种规划设计思路（如表5-3所示）的不同点在于，前者运用文物保护的思维来解决实际问题，后者运用村庄规划的思维来解决实际问题。

（四）传统村落保护规划制定模式

若要再划分详细一些，传统村落保护规划从编制规划的模式上来说，目前已有六种（如表5-4所示）：文物保护规划模式、历史名城保护规划模式、城市规划模式、景观规划模式、历史建筑修缮模式、旅游规划模式。在这几种规划模式里，又以第二种和第三种最为普遍，且这些都可以归入上述两种规划思路中。

表 5-4 传统村落规划编制模式

序号	模式	技术路线	相应村落特点
1	文物保护规划模式	专项评估、保护规划、保护措施、环境规划、展示规划、管理规划	有保护等级较高的文物
2	历史名城保护规划模式	现状分析与价值评估、保护框架（要素、结构、主题）、分区保护、建筑高度控制、用地调整、重点地段保护、市政工程、规划实施	文物保护单位成规模村落规模不小
3	城市规划模式	现状分析、土地利用规划、社会生活规划、建筑高度控制、历史文化保护、道路交通规划、配套设施规划、环境保护、近期建设	村落规模较大建设量较大
4	景观规划模式	景观轴线、景观节点、景观框架体系、历史文化遗产保护、城市规划设计、建筑立面控制	自然景观资源突出
5	历史建筑修缮模式	历史建筑测绘、细部修缮图则	有保护等级较高的文物文物保护单位成规模
6	旅游规划模式	Swat分析、旅游市场分析、旅游产品开发规划、旅游形象规划、市场营销规划、旅游路线组织规划	文化旅游资源丰富旅游市场前景较好

从以上规划编制思路和模式上看，其算得上是各有千秋、百花齐放，但也从侧面说明了一个问题，即其没有标准和规范，处在探索阶段，存在一些问题：缺乏系统性、缺乏整体性、忽视社会因素。制定适合特定传统村落的规划模式，要从现有的较为成熟的模式中有选择性地提取具有针对性的部分。

第四节　国内外传统村落保护实践

一、国外传统村落保护实践举例——保护与发展并存的希腊圣托里尼岛

圣托里尼岛为爱琴海最南边的小岛。火山口的悬崖边上密密麻麻地分布着大量的民居建筑，在数百尺高的峭壁上镶嵌着犹如珍珠般的白色民居，这是柏拉图心中令人心驰神往的梦幻天堂，是广袤无垠的爱琴海上最具特色的璀璨之星。圣托里尼岛的颜色格调、建筑风貌、空间构成、植被种类等融合在一起，造就了这片独一无二的岛屿景观。圣托里尼岛成功的经验可以概括为以下四点。

（一）从独特的自身区位出发，塑造个性岛屿名片

由一群火山岛组成的圣托里尼岛，又被当地人称为锡拉。圣托里尼岛的岛屿面积约为96平方千米。它坐落在美丽的地中海上，距离希腊大陆东南部约200千米。圣托里尼岛的海岸线全长为69千米，常住人口约一万四千余人。现今的岛屿呈月牙状，因为圣托里尼岛在历史上发生过多次大规模的火山喷发和地震，这导致其中部的陆地大面积凹陷，沉入海平面以下，进而造就了这独特的海岛风光。充满神奇色彩的古亚特兰蒂斯文明相传在公元前2000年左右出现在这圣托里尼岛上。不仅如此，根据《荷马史诗》的记载，以前繁荣的克里特文化的起源就是这座岛，这使圣托里尼岛在全世界的旅游爱好者心中是一座文化起源圣地。现如今还有不少火山口在圣托里尼岛上。人们从岛上的高处俯视，可以看到大量的暴露在外面的红色的、青黑色、深褐色的火山岩。圣托里尼岛的西侧峭壁大多由红色与青黑色的火山石组成，东侧地势十分平坦，名闻遐迩的黑沙滩就在这里。

（二）延续文脉——岛屿的农耕文化与风俗

岛屿由于处在比较特殊的位置上，同时也具有地中海气候的特点，所以植被种类有限，能够被用来修建房屋的高大树木资源比较匮乏。这座岛屿在漫长

的历史发展过程中先后多次火山爆发，所以拥有大量的火山灰，这就使其土壤很肥沃，同时阳光明媚，空气相对干燥，适宜的环境使当地的葡萄种植非常广泛。当然，圣托里尼岛还有着独特的一面，即年降雨量比较少，且常年处于多风区，所以同其他地方的葡萄种植有着很明显的不同——圣托里尼岛的葡萄并不在葡萄藤上，这也突显了海岛村落与众不同的农耕文化。

圣托里尼岛北部有一道靓丽的风景线是伊亚镇。其每年都吸引着来自世界各地的游客。位于小镇西北侧的基克拉泽式风车，古时被原住民当作磨面的工具，现在已经停用，仅供游客观赏。不仅如此，在这里还能欣赏到非常美的伊亚日落。圣托里尼岛还有很多其他地区没有的特征，如在纪念东正教乔治的生日时，整个岛屿会像过节一样热闹。其会开展各种活动纪念乔治，如赛马、剪羊毛、唱歌等。同时圣托里尼岛还有纪念君士坦丁、圣海伦的跳火节，这个节日也仅仅在圣托里尼岛才有。在节日当天，当地居民会非常虔诚沐浴且不断地祈祷，傍晚时分举行篝火酒会，大家围着篝火光脚跳舞、演奏特色乐器。

（三）树立蓝白景观印象，打造迷人天际线，突出地域识别性

奇妙的是，在圣托里尼这片区域中，自然风景和岛屿的建筑群的搭配非常协调，让人感觉其缺少任何一部分都会不和谐。这些建筑坐落在不同的山下，与群山有机地融合在了一起。

鸟瞰圣托里尼岛，我们会看到蓝白相间的世界，这种巨大的视觉冲击力会震撼到每一个看到它的人。这里有很多蓝白搭配的建筑，让人看起来赏心悦目。所以即便多年以后，那些曾经到过圣托里尼岛的游客一旦回味起来，也会立刻想起蓝白色的景象。

（四）在现代化进程中坚持可持续发展，提升保护意识

圣托里尼岛的建筑群没有使用很多的现代化建筑技术，这是因为这些技术和风格会破坏圣托里尼岛建筑群整体的协调性。所以圣托里尼岛的建筑群还是以传统的窑洞风格为主。这些蓝白的窑洞中的现代家居一般比较简约，很多时候只有最基本的厨房和卫浴设备，但这已足够满足人们的日常生活需要了。在圣托里尼岛的旅游开发项目中，这种原汁原味的建筑群，每年都能吸引大量游客来此度假。这对于促进圣托里尼岛的经济发展具有非常大的帮助。而且旅游的发展也较好地保护了圣托里尼岛的古建筑群的原貌。这使经济的发展和传统建筑的保护在一定程度上形成了相互依存的关系，这也使圣托里尼能够实现可持续发展。

圣托里尼岛有着很强的文化、艺术色彩。在这里，文化价值本身就具有自由、享乐主义等情感倾向。这里的文化强调尊重个人价值，尊重自然，每个人都可以过自己想过的生活。而且这里的居民也非常自觉地维护本地的习惯和传统，会定期粉刷当地的建筑，这使圣托里尼岛的建筑群始终保持着明亮的颜色。从整体上看，小镇清新整洁。正因如此，每年有着大量的游人来到这里。

通过圣托里尼岛这个传统文化与自然有机融合以及经济发展和环境保护相辅相成的案例，我们可以看到其成功主要因为以下两点：第一，扎根于传统文化和自身区位，并将之与现代化发展结合在一起，突出村落自身的个性和特色；第二，树立具有整体性的文化遗产保护理念，这种理念的践行来自全体成员的共同努力。在希腊，所有人都相信希腊曾经是一个伟大的国家，拥有众多的历史文化遗产，并且这些历史文化遗产非常珍贵，也正因为有着全体成员对历史文化遗产的共识，所以圣托里尼岛才可以留存至今且成为世界历史文化中不可缺少的一部分。

二、国内传统村落保护实践举例

（一）基于茶马古道特色文化的沙溪复兴工程

在 2001 年，世界纪念建筑基金会将沙溪寺登街列入了全球 TOP100 濒危遗产中。并且同年瑞士联邦大学和剑川县共同发起了复兴沙溪工程。我国有关部门、瑞士发展署以及其他多个国际保护协会共同发起了对沙溪寺登街的保护。

沙溪复兴工程的核心是重新构建一个文化、经济、生态的框架，在这一框架中不断发展和保护传统村庄。就以沙溪为例，对于四方街的修复，沙溪坝提供了大量的帮助和支持。

1. 保护历史环境，注重整体风貌

沙溪是我国茶马古道仅存的古集市。曾经的茶马古道历史辉煌，这引发了无数人的猜想。四方街在过去是马帮驻扎、休息的场所。在这附近还有兴教寺。这所寺庙起源于明朝时期，而附近也有一所清朝建造的魁阁带戏台。四方街附近还有各种跟马帮做交易的商铺，此外，还有寨门，这些能够有效地保证四方街的安全和在这里交易的马帮的安全。这些仅存的建筑和物品，可以向后人反映出当年茶马古道的兴盛。同时，在沙溪这片区域长期生活的居民本身也具有很浓郁的地方文化色彩，这些文化因素成为沙溪的文化瑰宝。所以复兴沙溪古镇其实也是对沙溪文化遗产的有效保护。

关于其保护工作，主要从以下两方面着手。第一，四方街四周单体古建筑的维护。关于四方街两侧明代的兴教寺和清代的魁阁带戏台，以及四周环绕着的商铺和马店，人们在建筑立面上充分利用了茶马古道特有的风格进行重新修缮。第二，对四方街区域整体性的维护。茶马古道有文化价值的景观通常都在街道的拐角处，这些拐角处会有一些类似石碑、石井这样的标志，这些标志见证了茶马古道兴衰的历史，因此具有很强的保护价值。

2. 主体原住民回归，让古镇生活回归

为了让原住民重新回到古镇生活，相关部门在不影响古镇整体风貌的前提下改善了古镇的基础生活设施，将原来胡乱树立的电线埋入地下，同时重新铺装了古镇的路面。

在古镇的周边，新建了城隍庙社区中心及一些生活和旅游服务设施，如停车场、集市、广场等。不仅如此，来自瑞士的学者对沙溪地区的产业进行了分析，认为当前沙溪地区可以发展的产业需要结合当地的风土人情以及根据保护和复兴沙溪文化的目标来决定，这样不仅可以发展沙溪的经济，还能带动沙溪文化的相关保护工作的开展。"授之以鱼不如授之以渔"，沙溪社区中心的建设解决了原住民的业态更新问题，而且也找到了可持续发展的方向，这样不仅可以推动沙溪古镇的经济发展，激发当地居民的主观能动性，而且能激发当地居民的荣誉感，使其能够发自内心地认同自己的文化，从而很好地保护沙溪文化遗产。

传统村庄处于历史的发展中，不可避免地会面临发展的问题。所以，在对这些传统村庄进行规划时，要将经济、文化和环境这三个要素有机地结合在一起，同时发挥当地居民的主观能动性，使其认识到文化和自然、经济发展之间的平衡关系，使更多的人可以在保护中求发展，在发展中带动保护。这样才是这些传统村庄的正确发展之路。

（二）基于社区主导型旅游的诸葛八卦村遗产保护

诸葛村处于浙江金衢盆地的西北部，同时也是兰溪、龙游以及建德三地的交汇处。

1. 地域文化特色

诸葛村是诸葛亮后裔的最大聚居地，距今有700多年的历史了。此地居住着诸葛亮的后裔4000多人，是典型的血缘村落。同时也是中国第一座以八卦布局的村落。诸葛村最明显的特点就是村庄的布局以一种"九宫八卦"的方式设置。诸葛村的地形像一只锅，而且四面环山，这种地势就像小说里的"聚宝盆"，从空中鸟瞰，其就像一张阴阳太极图。当地的村民就根据这种地势面貌来巧妙地建造各种建筑。在诸葛村的道路建设中，八条道路以放射状向外伸展，这像极了诸葛亮当年使用的九宫八卦阵。

诸葛村的建筑风格以徽派建筑为主体。徽派建筑风格是典型的"青砖灰瓦马头墙"风格，同时也有很典型的明清民居的风格。从整体上看，这些建筑群极有韵味，也有很强的文化、艺术价值。目前在诸葛村，有210座古建筑。1992年诸葛八卦村被认定为"兰溪市文保单位"，并且在1996年成为我国文物保护单位。

诸葛村和我国历史著名人物诸葛亮有极大的渊源。诸葛村有诸葛氏族谱，这也是我国最全的诸葛氏族谱。诸葛村在每年的农历四月十三日和农历八月二十七日也就是诸葛亮的诞辰和诸葛亮的忌日，都会举行非常隆重的诸葛后裔祭祖活动。这项祭祖活动影响极大，并且具有很强的文化、历史价值，因此也被浙江省列入了非物质文化遗产名录。

2.诸葛八卦村保护规划值得借鉴之处

①文物保护与旅游管理体制。

诸葛村委为了能够更好地管理和发展本地旅游业，自身也建立了有效的管理体制。这种体制包含了文物保护机构、村委会以及相关旅游公司。其中，文物保护机构对于诸葛村的保护起决定作用，同时还要在村里加大文化保护的宣传力度。文物保护机构也要紧密地和村委会联系在一起。当然文物保护机构只发挥保护作用，不参与旅游公司的发展工作。村委会和旅游公司进行有效分工，旅游公司通过对诸葛村进行宣传和旅游开发来促进诸葛村的经济发展。村委会则负责文物保护工作、旅游开发公司的协调管理工作。

②传统村落保护理念的宣传以及古建筑的全面普查与立档。

诸葛村很早就认识到文物保护对于本村的重要性。故其很早就出台了《诸葛村保护条例》，而且制定了《村民规范》。村委会和文物保护机构也联合起来对村里的各个古建筑进行排查，并对那些有历史、文化价值的建筑进行贴牌，与在此居住的居民签订保护协定，这就使村民、村委会以及文物保护机构三者能够共同发力保护诸葛村的古建筑。

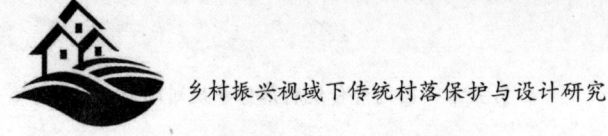

③"美丽乡村"建设规划。

21世纪初,诸葛村又在原村落外建了新村,并且修建了大量的村福利机构,如养老院、幼儿园、图书馆等。其在修建这些建筑时,尽量使之与诸葛村的风格相协调。而且诸葛村每年也有很多村民外迁,这些外迁村民会获得诸葛村给予的大量福利和补助,这可以帮助他们更好地适应新生活。

第六章　乡村振兴视域下传统村落保护发展状况

在过去很长一段时期，城市化、工业化的快速发展使城乡发展失衡，农村人口大量外流，农村经济日趋衰败，乡村凋敝成为普遍现象，传统村落也不例外。党的十九大提出实施乡村振兴战略，《乡村振兴战略规划（2018—2022年）》对传统村落的保护发展做出了明确规定。传统村落作为乡村历史、文化、自然遗产的"活化石"和"博物馆"，是实施乡村振兴战略的重要抓手。只有传统村落焕发出全新活力，乡村振兴才有更深厚的底蕴、更足的底气。

第一节　传统村落的概念界定

2012年12月31日，《中共中央国务院关于加快发展现代农业进一步增强农村发展活力的若干意见》颁布，面向新一年的中央1号文件强调："制定专门规划，启动专项工程，加大力度保护有历史文化价值和民族、地域元素的传统村落和民居。"这是传统村落概念第一次出现在党和国家的重要文件中。传统村落之所以能够得到如此高度的重视，是因为其拥有深刻的文化内涵，拥有承载农耕文明、事关传承文脉、实现中华民族的伟大复兴的历史使命。

一、传统村落的概念

传统村落是在我国经济社会快速发展的新阶段提出的。厘清这一概念，对于增强民族文化的自在性和自觉性，不断为农村发展注入活力，促进经济社会的全面健康发展，具有重要意义。

（一）传统村落概念的提出及深刻内涵

关于传统村落的概念，住房城乡建设部、文化部、国家文物局、财政部印发的《关于开展传统村落调查的通知》明确提出："传统村落是指村落形成较早，拥有较丰富的传统资源，具有一定历史、文化、科学、艺术、社会、经济价值，应予以保护的村落。"这是组织开展传统村落调查、遴选、评价、界定和制定保护发展措施的依据。之前，人们通常把历史遗存下来的村庄聚落称为古村落或乡土建筑。

传统村落的文化内涵主要体现在以下三个方面。

一是现存传统建筑风貌完整。也就是说，村落中应该有一定规模和数量的传统建筑，同时要求历史遗存的文物古迹和建筑物、构筑物的布局要集中紧凑，用地面积达到保护区内建筑总用地的70%以上；建筑的形式、高度、体量、屋顶、墙体、门窗、色彩等要基本保持着传统的地方风格和风貌特色。

二是村落选址和格局保持传统特色。也就是说，村落的演变和发展基本延续了始建年代的堪舆选址特征，仍然体现着人与自然的和谐共生关系，蕴含着古代先民的"天地人和"的哲学观，在一定程度上反映了建筑风水理念，以及儒家的礼制规范和伦理道德；村落的各类建筑布局、路网格局大体保持着传统的空间结构、空间肌理和空间形态。

三是非物质文化遗产活态传承。也就是说，村落依然保持着传统的富有生命力的生产、生活方式和鲜活的起居形态，以及依托传统方式和形态，在历代生息繁衍中创造的以声音、形象和技艺为表现手段，并以身口相传为文化链而得以延续的口头文化、体型文化、造型文化和综合文化等。活态传承须有经国家和省相关部门认定的非物质文化遗产传承人。

（二）传统村落与其他村庄的区别

1. 关于传统村落与古村落

在通常情况下，人们习惯于把历史遗留下来的村庄叫作古村落。因为这些村落始建年代久远，数量多，经过历朝历代的更迭兴替，它们的形态演变和文脉传承仍旧积淀着丰富厚重的历史信息。古村落的称呼广泛用在社会活动和学术研究中，且得到了普遍认同。不过一般意义上的古村落，虽然有历史和传统文化，但其在村落选址、传统格局、历史风貌、不同历史时期的建筑群规模上，不像传统村落那样具有传统文化、民族文化、地域文化的典型性、代表性和整体传承性，况且对于大部分古村落来说，传统建筑保存数量不多，分布分散，只剩下零星散落的庙宇、祠堂、民居、驿道、渡口、石磨、古树、古井、古墓或者古遗址等。总而言之，传统村落并不等同于一般意义上的古村落，当然也有别于按照新农村规划建设起来的村庄。

2. 关于传统村落与乡土建筑

乡土建筑是对在历史发展过程中形成的村镇建筑聚落的泛称，且越来越受到国内学术界和国际保护组织的关注。1999年国际古迹遗址理事会第十二届全体大会在墨西哥通过了《关于乡土建筑遗产的宪章》，这成为乡土建筑保护的国际性纲领文件。目前乡土建筑在我国还没有作为独立的法定概念或者行政概念与国际接轨，只是作为一种建筑文化遗产被纳入文物保护单位或者历史文化名镇名村中受到保护。乡土建筑保护的重点是建筑和建筑群落。近些年来，保护的内容虽然从单纯的建筑形式、功能内涵，向聚落形态及其蕴含的文化转变，但是对村镇格局、传统风貌、历史文脉和非物质文化遗产的传承较少涉及，这和传统村落着眼于农耕文明和生产生活的整体发展有很大不同。

3. 关于传统村落与历史文化名村

历史文化名村是一个法定概念。相比之下，传统村落属于行政性概念，还没有被纳入法制轨道。因为评价认定历史文化名村的法定条件是保存文物数量丰富，并且具有重大历史价值或者革命纪念意义，所以历史文化名村的评定无论是在保存文物的数量和等级方面，还是在历史文化价值方面，都比传统村落有着更高要求。尽管两者的申报评定在内容上很相近，但是标准并不相同。传统村落与历史文化名村相比，更强调保护和发展农耕文化聚落载体的完整存续状态，在加强村落物质形态保护的同时，特别注重非物质文化遗产的活态传承。不难理解，历史文化名村属于传统村落的范畴，是以传统村落为基础遴选出来的佼佼者。

二、传统村落的特质属性

和世间所有事物一样，传统村落的形成、演变与发展也有属于自己的特殊轨迹和规律，这种轨迹和规律形成的原因是传统村落固有的特质属性。研究传统村落的存续方式和文化内涵，制定传统村落保护发展的专门规划和相应的公共政策，应该树立科学发展观，遵循客观规律，力求以科学理论指导实践活动。

（一）传统村落的特殊空间系统

传统村落是在广大乡村地区形成的人口居住聚落。因为农耕劳作与起居生活依附于土地和山、水、林、牧等自然资源，所以生态环境对于生存发展至关重要。平原地区的村落通常选择靠近河流、湖泊，或者地下水源丰沛的地方；丘陵山地的村落一般选择靠山近水、地势高爽的向阳坡面营建。先民秉承着古代"天人合一"的哲学理念，尊重自然，敬畏自然，巧妙地利用自然条件，使村落与沃土良田、山形水势有机地融合在一起，从而形成山、水、田园、阡陌、村落和谐共存的生态人文环境大格局。这和拥有相当人口规模和工商产业的城镇按照儒家礼制规范，集中紧凑地规划形成的空间格局极为不同。村民喜欢在便于就近从事田间耕作的地点营建屋舍，于是就出现了分散的村落布局。如果说城镇是"大家闺秀"，那么村落就堪比"小家碧玉"，两者风采神韵迥然不同。保护传统村落不宜照搬照套保护历史文化名城、名镇的方法。

农村聚落星罗棋布地分散在广阔的乡村土地上，村落的空间地域范围遵循着耕作半径的规律。"日出而作，日落而息"的农业生产完全依靠人的徒步出行来实现，如此人们携带农具早出晚归必然会受到限制。对于每个村落而言，最适宜农耕和居住的范围，莫过于以村落为中心，以徒步出行的耕作时距为半径，大体形成的空间地域。在农耕文明时代，耕作半径是村落选址的重要依据，这形成了村落衍生发展的客观规律。随着出行工具和出行方式的改进，耕作半径可能会发生改变，但是它们的规律不会改变。

传统村落由特殊的空间系统构成，包括空间结构和空间形态。两者都受传统村落自身所处的社会阶段、社会秩序、经济水平、传统文化、民族地域元素等的深刻影响。总体而言，"聚族而居、血脉传承、融于自然、自主衍生"是传统村落空间结构和空间形态最显著的特征。

为了生存安全和生息繁衍的需要，我国传统村落大都聚族而居，虽有单姓村、主姓村、杂姓村之分，但是都以血缘关系为纽带，把众多家庭、家族、宗族连接为若干血缘族群，从而形成无形的社会内聚力和层级秩序，同时还融入了传统的伦理道德和建筑风水理念。这样的村落空间结构在用地功能区分上不明显，甚至没有明确的功能布局界线，但往往通过不同血缘族群，组成几个相对集中的组团式空间单元，安排居住建筑群和宗祠、厅堂等公共建筑，以及水井、池塘、晒场、磨坊等生产生活设施，再以大街小巷联系沟通乡亲邻里。整个传统村落的空间结构自大至小，有主有次，脉络清晰，层次分明。这和按功能分区，以及礼制规范进行规划布局的城镇空间结构有很大区别。

传统村落空间形态的一村一貌，体现着鲜明的地域乡土特色和建筑文化风格，这些村落不分大江南北，人们建房、修路都和地形地貌有紧密的联系，因地制宜，顺应大自然。所有的传统建筑，无论是农舍民宅，还是庙宇祠堂，无论是坡屋顶，还是平屋顶，无论是开间大小，还是檐口高低，单体建筑的基本形式多为一堂二室、中轴对称，在这个基础上组合演变出各种群体建筑和院落类型。我国古代建筑历来为木构承重系统，受材料限制，传统村落的建筑体量普遍不大，街巷空间肌理的弯曲程度比较合适。它们或沿水岸梯次递进向纵深延展，或沿山地等高线逐级抬升布点，这使建筑组群错落有致，空间收放自如，就像珍珠一般撒落在自然山水和绿色植被之间，依偎在大地的怀抱中。传统建筑材料离不开林木，但人们又可就地取材，随手夯土、制砖、垒石、伐竹、编草，乃至用石板铺路或覆顶，用树皮来遮风避雨。所以按照传统工艺进行的这种原生态建筑活动取法自然，使传统村落空间形态与自然环境和谐一致，形成了天—地—人完美统一的自然人文景观。再加上民族、地域等元素，传统村落的空间形态显得异彩缤纷。

（二）传统村落的固有属性特征

1. 历史遗存的真实性

真实性反映的是历史遗存的本质特征，特指文物的原状，包括其表面色彩、图饰纹样和一定规模的环境。就传统村落而言，其真实性体现在原有的传统格局、街巷肌理、建筑形制、空间尺度、历史风貌以及相互依存的自然人文景观和环境等方面，如道路铺装、农作场院、粮仓、古井、山泉、水塘、溪涧、磨坊、碾盘、牲口棚、拴马桩、引水渠、寨墙、堤岸、道路、桥梁、船埠、古墓等原有的生活、生产设施和其他公用设施。

2. 构成要素的关联性

传统村落的构成要素复杂多样，包括现存的村落格局、河道水系、民居聚落、礼制建筑、道观寺庙、历史风貌、自然景观和人文环境等。这些要素之间存在着密切的内在联系，构成了一个关联度极强的有机整体。其中有些要素之间存在着因果关系。因此，人们应该系统地分析，针对不同保护对象，采取相应的保护措施，尤其要对传统格局、历史风貌实施整体保护。

3. 村落形态的识别性

我国幅员辽阔，是一个多民族国家。在不同地域、不同历史时期形成的传统村落，由于所在地的水文地质、气候条件、建筑材料、建造工艺以及传统文化、地域文化、民族文化和宗教信仰等方面存在着很大差异，所以空间结构和空间形态各有特色。这种特色表现为风貌特征的识别性，也就是人通过视觉产生的区别于其他事物的一种属性。传统村落识别性越强，越容易被人们辨别记忆。传统村落风貌特征的识别性对于突出特色、传承历史文脉非常重要。无论采取哪种整治措施，人们都应该尽可能多地保留历史信息，保持它们的原貌。

4. 历史文脉的传承性

传统村落的形成和发展，从一定程度上讲，就是文化的不断传承和创新。这种传承和创新之所以有强大的生命力，在于村落住民生生不息。在传统文化的引领下，传统村落不仅融合地域和民族元素，孕育了本土文化，而且对文化的核心价值进行认同和传承。我国现存的传统村落大部分始建于一百多年至一千三百多年前，代代有传人，一脉相承至今。它们是我国农耕文明的鲜活见证，是历史文化遗产的瑰宝。传统村落的历史文脉具有传承性的特征，表明了后人继承文化遗产的合理性和必然性。所以保护传统村落，一定要注重历史文脉的传承性，应当采取有效措施延续历史，而不是割断或抛弃历史。

5. 存续方式的动态性

传统村落不同于馆藏文物，不能采用静态的保护方法和保护措施。主宰传统村落沉浮衰荣的不是物，而是人。人创物建村，丰富了文化遗产，同时凭借村的聚落舞台，在悠长的历史时空内，不断地丰富着农耕文明，推动着社会的发展和进步。如今人们仍然凭借这个舞台，主导着传统村落的经济、社会、文化活动，在生息繁衍中，延续着传统的起居生活。毋庸置疑，任何一座传统村落都是乡村社会的缩影。它们所遗存和传承的必然是不同时代和不同历史时期的信息，而绝不会定格在某一个历史的瞬间。同时传统村落不可避免地会随着时代的发展而不断更新。因此保护传统村落必须坚持其动态性。

6. 遗产资源的不可再生性

传统村落属于文化遗产，是一种不可再生的珍贵资源。无论是古代还是近代村落的选址和变迁、古寨墙屯堡的建造、整体格局、街巷系统、各类传统建筑和设施，以及与其相互依存的自然景观和环境等，都饱含着早已逝去的岁月遗存，留给了后人弥足珍贵的丰富信息，成为诠释历史的鲜活见证。这些遗产资源融合着优秀传统文化的精髓，反映了建造时的生产力水平、政治生态、经济状况、思想理念、思维方式、礼制文化、伦理道德、社会价值、审美艺术、建筑材料及工艺、管理理念和方式等，一旦遭到破坏，将无法复原。遗产资源的不可再生性，也使保护文化遗产变得至关重要。

研究传统村落的概念和文化内涵，目的是促进传统村落的保护与发展。只有在对它们的特殊形态和特质文化进行了深入了解的前提下，人们才能确定科学合理的思路，有针对性地采取相应的保护措施，获得切实有效的成果。我国传统村落保护的发展刚刚起步，而且是在经济社会转型发展和加快推进城镇化的大背景下，因此深入研究传统村落的概念，发掘传统村落的文化内涵，对于贯彻落实科学发展观，遵循客观规律，传承农耕文明，促进经济社会发展，实现和谐双赢，都显得尤其重要。

第二节 乡村振兴战略与传统村落保护发展的关系

费孝通认为，村落是"中国乡土社会的单位，农民之所以聚村而居：一是每家耕地面积小，所谓小农经营；二是需要水利的地方，他们有合作的需要；三是为了安全，人多容易保卫；四是土地平等继承，兄弟分别继承祖上的遗业，使人口在一地方一代一代地积起来，成为相当大的村落"。传统村落既涉及基础性的地理环境、空间结构、农业生产、人口繁衍、民居建筑，也包括制度性的村规民约、日常礼仪、家族组织、治理体系，还包括内在性的情感寄托、精神信仰、墓葬文化等。传统村落不仅凝聚着亲缘血缘，是传统宗族、民间信仰和乡规民约的联系纽带，蕴含着历史与文化的基因密码，而且承载了中华儿女数百年聚族而居的农耕生活形态和乡土历史文化面貌，是中华民族的精神家园与文化根脉。

为了摸清传统村落保护的发展现状，笔者以川东北传统村落为样本进行了深度调研。川东北五市传统村落资源丰富，有国家级传统村落82个、省级传统村落245个。其中，通江县梨园坝村被称为"川东北第一古村落遗存""大山深处的香巴拉"。2018年底，四川省委省政府印发的《关于加快推进川东北经济区振兴发展的实施意见》明确提出"突出川东北地域、历史、文化等特色，保护传统村落、特色村寨和民居"。川东北传统村落特色鲜明，大多分布在嘉陵江流域，自然景观与人文景观交相辉映，具有重要的现实意义和广阔的发展空间。

一、看得见的"乡愁"—传统村落是现代人心向往之的精神家园

从物质形态来看，传统村落较好地保存了民居建筑、标识地物等"乡愁"的物质载体。传统文化根植于农耕文明，中国人的"乡愁"实际上是对乡土文化的情感依恋，也是对传统文化的认同。传统建筑风貌完整、选址和格局保持传统特色、非物质文化遗产活态传承被列为传统村落调查三要素。其明确要求传统村落的历史建筑、乡土建筑、文物古迹等建筑的集中连片分布或总量应超过村庄建筑总量的1/3，选址要具有传统特色和地方代表性，且村落整体格局要保存良好，要能较完整地体现一定历史时期的传统风貌，反映特定历史文化

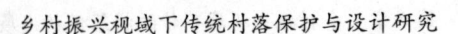

的背景。由于地理位置偏远、交通不便、开发滞后等原因,川东北大多数传统村落较为完整地保留了明清时期大巴山区民居建筑的景观特色。例如,达州市石桥镇鲁家坪村、广安市武胜县宝箴塞镇方家沟村、南充市仪陇县马鞍镇琳琅村等,在院落布局、街巷安排、牌坊建造以及民居建筑的装饰构件等方面,均保留了精湛的建筑技艺和悠久的文化传统,承载着川东北居民数百年聚族而居的农耕生活形态和乡土历史文化,共同形成了"有记忆"的乡村。

从非物质形态来看,传统村落较好地传承了民间技艺、民俗文化等"乡愁"的非物质载体。根据联合国教科文组织的定义,非物质文化遗产指"来自某一文化社区的全部创作,这些创作以传统为根据,由某一群体或一些个体所表达,并被认为是符合社区期望的作为其文化和社会特性的表达形式,其准则和价值通过模仿或其他方式口头相传"。这就是说,非遗是依托人的选择与学习而存在,以声音、形象和技艺等为表现手段,以口传心授为延续方式的"活态文化"。传统村落拥有较为丰富的非遗资源,地方特色鲜明,以活态传承实现历久弥新。根植于川东北传统村落的非物质文化遗产类型多样、独具特色。例如,武胜县莲花坪村竹丝画帘手工制作技艺、达州石桥烧火龙技艺、南充川北剪纸技艺、广元麻柳刺绣技艺、渠县刘氏竹编技艺等民间传统技艺,都充分展示了优秀传统文化之美。

二、守得住的"根脉"——传统村落为乡村振兴提供有力文化支撑

从历史层面来看,传统村落具有丰富多元的历史人文资源。中国传统文化的根在乡村。传统村落蕴含着灿烂而厚重的礼仪文化、农耕文化、民俗文化等,其自身的文化基因、价值观念和精神信仰成为后人对优秀传统文化进行创造性转化和创新性发展的重要载体与可行途径。川东北传统村落大多位于金牛道、米仓道、东川道、荔枝道以及嘉陵江水运河道等重要的古代文化线路上,拥有众多名人故里、革命战斗遗迹,融合了三国文化、古蜀道文化、民俗文化、红色文化等丰富的人文资源优势。传统村落的大量历史信息、艺术创造和生活方式,都成为鲜活的历史记忆和文化脉络。例如,达州市石桥镇鲁家坪村列宁主义街被称为"中国红色第一街",曾登上中央电视台《国宝档案》这一节目,成为电影《红色恋曲1933》、纪录片《共和国主席李先念》的取景地,其难以复制的文化特质和精神内涵吸引了大量游客慕名前往参观。

从现实层面来看,传统村落文化与社会主义核心价值观高度契合。传统村

落蕴含着中国传统文化的天人观念、社会秩序、伦理道德等基本主张，并且在历史的不断发展过程中，不断地增强着自身的生命力。如果说保护传统村落是一种情怀，那么发展传统村落就是激活其生命力，把传统文化的根留住。川东北传统村落融合了宗族祠堂、节孝牌坊、石刻石碑中的家庭家族、亲孝礼仪、社稷家国等理念，与社会主义核心价值观高度契合，这有助于提升村民的文化自信，提高村民自觉参与乡村文化振兴的内生动力。

三、可预期的"活力"——乡村振兴为传统村落保护发展提供重要契机

一方面，乡村振兴拓宽了传统村落保护发展的路径。《马丘比丘宣言》强调，古村文化保护是使原生态的生活气息、风土人情、传统习俗与现代文明和谐相融的建设过程，而不仅仅是修缮物质载体的过程。只有赋予传统村落新的生机与活力，才能使其融入现代文明的进程之中。对于传统村落而言，单纯保护和消极保护难以实现可持续发展。基于新时代乡村振兴的大背景，将乡村的资源优势进行保护性开发，激活乡村的发展活力，有利于构建新型城乡关系，加快农业农村的现代化进程。例如，宣汉县庙安乡以脆李产业带动经济发展、激活乡村旅游业、推动传统村落的保护，该乡龙潭河村"古墓古树古院落"保存完好，堪称川东民居的活化石。与此同时，传统村落也是乡村振兴的重要发展资源。厚植于传统村落的农耕文明，不管是田园乡村慢生活，还是绿色有机农产品，都是当下社会的"紧俏品"。按照产业兴旺、生态宜居、乡风文明、治理有效、生活富裕的总要求，将传统村落的保护发展与特色产业规划、基础设施建设、公共服务改善、生态文明建设等同步推进，有助于打造乡村振兴的典型样本。例如，平昌县白衣庵依托吴氏家风文化、孝道文化、士绅文化和水乡文化，而被打上了独特的文化烙印，为乡村振兴注入了恒久的活力。

第三节 乡村振兴视域下传统村落保护发展存在的问题

近年来，各地高度重视传统村落在推进乡村振兴中的功能作用，且持续推出有力措施。以川东北五市为例，达州市率先出台了全省首部关于传统村落保护和利用的地方性法规，广元市编制传统村落及历史保护办法，巴中市制定切实加强传统村落保护发展的指导意见，南充市"十三五"规划明确将古村落保护利用列为推进城乡建设转型的重要抓手。在政策的推动下，传统村落的保护

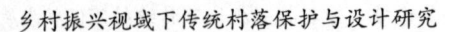

与发展取得了初步成效，文化遗产得到了基本保护，生产生活条件得到了基本改善，保护管理机制基本建立了，安全防灾能力基本具备了。然而，大多数传统村落仍面临"空心化"严重、基础设施落后、文化认同断裂、特色产业缺失等问题。

一、"空巢"到"弃巢"的无奈，突出体现为"有村落，没人气"

原住民的流失成为传统村落荒废与破败的主要原因，同时造成了传统家族结构解散和传统村落精神丧失的问题。村民或外出务工，或择地外迁建新居，或进入城镇就业，使很多传统村落逐渐沦为"留守村""空心村"，幼儿园和小学门口常见"留守老人接送留守儿童"的场面。不少学者调研发现，在交通不便、自然条件差的偏远山区，绝大多数青壮年都外出务工，留守群体无力参与村落管理和房屋修缮工作，不少传统院落由于年代久远、风雨侵蚀、少人居住，出现了墙壁倾斜开裂、屋檐房梁坍塌、漏水渗水等问题。当地老百姓说："老房子最怕水和火，如果漏雨了没人管，很容易腐烂。"例如，达州市达川区石桥镇鲁家坪村冉家坝大院的原住民在访谈中介绍了大院的辉煌历史："那时大院人气很旺，住了近20户200人，现在全部都搬到城里去了。"宣汉县庙安乡黄家大院兴旺时住了27户180多人，如今只留下一些老人"看老宅"。"回不去的乡村"依然是严峻的现实。

二、"富口袋"与"富脑袋"的失衡，突出体现为"有文化，没灵魂"

近年来，旅游开发成为很多传统村落的共同选择，但多数商业开发并没有深入挖掘传统村落蕴含的文化价值，往往只采取机械化商业复制的手段，"化妆景点""园林景观""大红灯笼高高挂"等问题并非个案，这就导致一些传统村落在开发中改变、在旅游中变质、在发展中消失。2016年，冯骥才在中国传统村落国家高峰论坛上呼吁："如果失去了千姿百态的文化个性和活力，传统村落的保护将无从谈起，'留住乡愁'也将落空。"从观光体验上讲，游客往往只停留于"走马观花"式的游览，难以体会传统村落的本真性，无从了解深厚的文化底蕴，这就造成了"过路多，过夜少""看热闹多，有感知少"的问题，"古镇（村）观光"逐渐变得索然无味。一些地方为了迎合市场，"片段式"地呈现各种脱离宗教信仰的祭祀活动、脱离纯美爱情的婚俗表演、脱离精细手工传统的民间工艺品，这种"快餐式"的开发反而损耗了传统村落原有的精神气质和文化格局。加之商业趋势及世俗化的冲击，原住民对村落文化的自我认同改变了，乡村内在文化和精神的缺失渐渐成为隐性危机。

三、"过度"与"适度"的尴尬，突出表现为"有规划，没统筹"

尽管各地乡村振兴规划都有传统村落保护发展的相关要求，但在保护与发展的实践中仍然存在统筹不足、保护失度等问题。要么开发过度——一些地方片面追求传统村落乡土建筑的经济价值，"重开发，轻保护"，搞"运动式开发"，对原有空间格局几乎"推倒重建"，或者农村规划无序和土地政策不完善导致拆旧建新的"自主性破坏"，一些具有整体风貌特色和典型民居特点的建筑被拆除，导致传统村落的风貌特征和文化价值不断丧失，难以呈现传统村落的原有特质；要么保护不足——过于侧重原貌保护，几乎隔绝外界干预，传统村落的硬件设施滞后、人居环境较差，一些老院落因缺乏专项资金支持而年久失修，地方政府大多只通过申请人居环境整治资金"刷刷白灰"，导致原住民不得不搬离原地，留下的都是"不得已而住之"的居民，其对村落变迁比较漠然，几乎无动于衷。从历史经验来看，很多文化都在类似的绝对保护中静悄悄地走向消亡。另外，政府"嵌入式"的保护与发展忽略了原住民的主体需求，导致出现"上热下冷"的现象。不少原住民并不清楚传统村落保护与发展的重要意义，认为花钱"修旧"不如择地"建新"，这导致传统村落中现代建筑的"插花式"混建屡见不鲜，从而破坏了传统村落的整体空间形态和建筑文化氛围。

第四节 乡村振兴视域下传统村落保护发展的思考与建议

一、加强顶层设计，让传统村落保护与发展"更有序"

传统村落立法保护迫在眉睫。要加快推进传统村落保护立法，对相关技术标准、管理规范做出具体规定。鼓励地方政府在摸清家底的基础上，根据实际情况出台传统村落保护与发展的地方性法规、规章制度和实施标准，科学编制传统村落保护与发展专项规划并严格执行，为传统村落保护与发展提供重要依据，从而形成地方法规外在保护与传统村落内生机制保护并重的长效机制。

在统筹规划上，各级政府要积极发挥主导作用，将传统村落的保护与发展纳入当地经济社会发展的总体规划之中。建立健全"政府主导、专家参与、村民受益、社会协作"的传统村落保护机制，坚持"规划先行、文化引领"，制定"一地一规划""一村一方案"的传统村落保护措施。将传统村落保护利用与地方经济社会发展紧密地结合起来，强化资金、用地、技术等支持政策和实施细则。将传统村落的保护发展同农村厕所革命、垃圾处理、防灾避险等结合起来，制定既符合村民期望又符合发展需要的中长期规划，从而形成推动保护与发展的持续动力。

在保护与发展的思路上，应当注重以创新求特色，传统村落应依循自身优势进行差异化发展，拒绝"依葫芦画瓢"。传统村落因地理条件不同而分为山地型、街巷型、河谷型等多种类型，不同传统村落在传统文化上也体现出不同特点和不同优势。各地应着眼于地域条件、文化特征、资源禀赋等方面的差异，采取差异化的保护措施和发展模式，实行"因地制宜、分类保护、分级管理"，大力挖掘村落原有文化特色，以传统文化推动特色产业发展。借力高端平台和大型节会，促进传统村落的改造升级，从而不断提升传统村落的影响力。

二、推动活态传承，让传统村落保护与发展"更有度"

只有重视活态传承，避免"转基因"式的发展，才能使传统村落的灵魂得以延续。政府要划定保护红线，研究制定传统村落保护与发展的"负面清单"，坚持底线思维，抓住文化内核，明确"哪些可以动，哪些不能动"。对不可移动的文物、历史建筑，要立足于原地保护，既要保证传统村落不被非人为因素破坏，也要防止以经济价值冲淡文化价值的行为，还要警惕被外部资本等人为因素"牵着鼻子走"而导致传统村落走样受损的事件发生。既要"保住守好"传统文化的根与魂，又要充分考虑村民改善居住条件的迫切诉求，还要重视吸引年轻人参与村落发展，将传统文化融入村民的日常生活中，实现传统要素和现代功能的有机结合，从而让原住民"愿意住、留得下、过得好"。

乡村特色产业是传统村落保护与发展的持续生命力。政府要依托村落民居、民间习俗、传统技艺、乡土农业等资源优势，结合当地要素资源和市场需求，既保存村落原有风貌，又积极发展书吧、咖啡屋、民宿等新兴业态，培育乡村特色产业，形成"村民居住+文化传承+产业发展"的模式。以保护带动发展，以发展促进保护，将基于自然文化的传统农业与现代农业对接起来，将文化创意产业与有机农业对接起来，推动过路游、观光游、一日游转变为过夜游、研学游、深度游，增强传统村落的"造血"功能，提高传统村落自我生存、自我盈利、自我发展的能力，从而使其实现可持续发展。

与此同时，改善乡村人居环境不容忽视。这既是2018年中央一号文件确定的重要任务之一，也是传统村落保护与发展的内在需求。政府要将传统村落保护与发展和村民生活社区的建设同步推进，强化村落与村民的融合发展，不能简单地搞"腾笼换鸟"。要突出抓好村民的就业、生产、生活等配套设施的建设，增强村民获得感，提升村民幸福指数，让村民重新审视家乡的价值，从"没得办法"的嫌弃、"索性不管"的抛弃转变为"由心而生"的珍惜。

三、创新运作模式，让传统村落保护与发展"更有效"

政府要充分发挥村民的主体作用，变"自上而下""一刀切"为"共建、共治、共享"。保障村民的知情权、话语权、监督权。建立村民自发保护机制，激发村民保护意识，充分尊重村民意愿，努力回应村民诉求，激发村民的创造性。通过收集老物件、开展口述史、表彰先进等方式，可让村民找回对乡村文化的认同和自信，充分利用本土资源谋发展。通过产业带动，可让村民体会到"数票子"的快感，使其主动参与共同建设。切实加强宣传教育，健全村规民约有关条款，为村民赋权，推动乡村自治组织建设，减少"等靠要"的现象，从而推动传统村落重新焕发活力。

突出区域协同联动，变"单打独斗"为"抱团出海"。加强传统村落保护发展联盟建设，尤其是在文化背景相似、发展愿望一致的地区，将单个传统村落的保护与发展转变为区域协同发展。以川东北地区为例，川东北五市山水相连、文化相近、民俗相通，集革命老区、贫困地区、边远山区为一体，是四川的东向门户和北向"桥头堡"。在推动传统村落保护与发展的实践中，要探索合作方式、搭建对话平台、形成战略联盟，建立多层次多元一体的区域协同合作格局，形成蜀道—嘉陵江旅游环线、川东北休闲旅游环线上的一颗颗明珠，实现串珠成线、连线成片，推动川东北传统村落"盆景"成为区域特色"风景"，为建设川东北文旅经济带贡献力量。

用好"互联网+",变静为动,让传统村落"活"起来。将互联网思维贯穿到传统村落保护与发展的全过程中,提高传统村落的影响力。随着传统村落的社会价值、文化价值、科学价值、情感价值等逐渐为大众知晓,保护与发展传统村落的民间力量逐渐聚集起来,面对传统村落保护与发展资金不足等问题,网络众筹不失为有益尝试。早在2014年,安徽绩溪仁里古村就发起了"万人众筹,重建中国最美古村落"的项目,得到了社会的广泛关注和积极参与。在传统村落文化遗产的抢救维护上,要创新运用数字化手段,善于利用虚拟技术对传统村落进行信息采集、模拟规划和运营监管,充分运用线上线下传播平台,形成宣传推广传统村落的"大合唱"。2017年,住房和城乡建设部就启动了中国传统村落数字博物馆建设,致力于集中展现中国传统村落风貌,向世界宣传中国传统村落和中华农耕文明,但是目前"入驻"该数字化平台的传统村落数量还比较少。保护与发展传统村落要重视历史记忆的收集利用,将历史文化资源的摸排收集、整理汇总、载体建设有机地融合在一起,通过走访高龄老人,把传统村落的兴衰、发展、变迁等以讲故事的形式保存下来,以进一步发掘传统村落丰富厚重的历史文化资源,从而更好地保留与传承传统村落的本真内涵,不断扩大传统村落的影响力。

四、强化人才驱动,让传统村落活化发展"更有力"

一是号召"能人回村"。建立本地人才信息库,以特色产业为带动,以乡情乡愁为纽带,引导"人才回村,资金回流,企业回迁"。出台优惠政策,鼓励致富能力强的个体企业主、商业人士、复员军人等回村创业,为返乡"能人"营造良好的创业环境。支持"能人"依托本村本地资源,发挥自身优势,通过创业带动村民增收致富。择优选拔"能人"担任村两委班子成员,采取组织推荐、群众举荐、个人自荐相结合的办法,为"能人"腾位置、给"能人"留位置、让"能人"顶位置,通过法定程序,大胆启用"能人"在本村任职,确保其有位有为。

二是吸引"村民返村"。通过提供岗位、培训技能、金融支持等多种方式,吸引外出务工村民回村就业。结合传统村落发展实际,加强创意设计、农业技术等方面的人才培养,开展传统手工技艺、民间民俗文化、现代服务业、现代种养殖业等技能培训。多方搭建就业创业平台，让村民的腰包鼓起来，吸引更多村民主动回村就业，打造宜居、宜业、宜游的美丽乡村，让村民"有盼头、有甜头、有奔头"。

三是鼓励"市民进村"。出台优惠政策，动员社会力量投身传统村落的保护与发展。2014年，《关于切实加强中国传统村落保护的指导意见》提出，"引导社会力量通过捐资捐赠、投资、入股、租赁等方式参与保护"。鼓励城市居民，尤其是有志于从事文化创意产业、现代农业等领域的市民到传统村落创办项目，以创新理念带动活化发展，为传统村落发展注入新动能。同时，要建立符合实际的准入制度，坚持"先引精英，再引资金"，在生活上给予"新村民"关心照顾，让他们在村落找到归属感。对于有重要贡献、产生重大影响或形成带动效应的"新村民"，要给予适当补贴或奖励。

第七章　对传统村落景观设计思想的再认识

传统村落是人类与自然和谐共生的产物。在村落漫长的形成过程中，人们改造自然，改善居住环境，积累了丰富的景观设计智慧。随着经济和社会的现代化发展，我国的传统村落景观进入了现代转型期。城镇化趋势逐步加大、农村现代化进程推进，是毋庸置疑的进步。然而，由于受各种制度、经济及复杂因素的驱使，同时，又缺乏对于所处环境的正确认知与合理的设计观念，人们盲目羡慕城市，导致村落景观千篇一律，传统村落的核心魅力面临土崩瓦解的境地。本章就传统村落景观设计中的问题进行探讨，从中挖掘积极的思想因素，促进传统村落景观的现代化转型，从而更好地保护和传承传统村落景观的多方面价值。

第一节　传统村落景观的基本认识

一、景观

景观（landscape），从英文词面来解释，是地表空间（land）所承载着的风景、景色、景象（scape）。

从地理学的角度来看，景观是一个地区内由地形、地貌、土壤、水体、植物和动物等所组成的集合，是区域内所特有的自然形态的客观呈现。

从审美学、社会学等更多层面来看，景观不仅仅是单纯的自然或生态现象，更是文化的一部分。景观是复杂的自然过程和人类活动在我们生存的环境中共同创造的空间形态，是多种功能要素集中的空间载体。

总体来说，景观表达了人与自然的关系，人对土地、人对城市的态度，也反映了人的理想和欲望，是综合了人类文明与自然生态的整体系统，具有经济、生态、文化等多种价值。

二、村落景观

村落是人们以聚落的形式群体而居,逐渐形成的农村区域内的生存和生活环境,一般指村庄或农村居民点。它包含了社会、文化、经济、生态等多方面的内容。

村落景观是具有特定景观形态和内涵的景观类型,是聚落形态由分散的农舍到能够提供生产和生活服务功能的集镇所代表的地区。作为人类生活文明与周围自然环境不断结合的景观综合体,村落景观因地理位置、地形、地貌、气候、植被等地理元素及经济水平、风俗文化等社会元素的不同,而具有不同的社会风貌和文化个性。

随着城市化的发展,农村也呈现出动态发展的变化特征。由于景观的概念可以从不同的角度进行界定,所以关于村落景观的概念,目前还没有一个统一的阐释。如果进行系统划分,可以有以下解释。

①村落景观是在农村区域范围内,人类与自然环境相适应,进而不断演变形成的,以自然、生产、聚居为特色的,以农业生产和粗放的土地利用为主的景观。

②村落景观受工业化影响较小,是形式较为自然的人类居住景观。

③村落景观由自然景观、聚落景观、人文景观等景观类型构成。

村落的形态是由各种不同层次的元素共同构成的,人们身处村落中,所有视觉、感官以及精神领域能够感受到的一切,都是村落景观的组成部分。因组成元素的不同,所以村落景观可以分为三种:自然景观、聚落景观、人文景观。

自然景观是村落形成和发展的基础,由农村范围内的山、水、土地、气候、植物等自然地理要素构成。这些自然要素决定了村落的选址、布局,形成了村落整体景观的基础,影响了村落整体形态的生成及村落区域内其他景观形态的发展。按照地形地理位置的不同,村落自然景观基本可以分为三种类型:山地型村落自然景观、平原型村落自然景观、山麓河谷型村落自然景观。

聚落景观是在村落变迁过程中,农民不断处理自身与生存环境关系形成的景观形态。如住宅与耕地的关系、住宅与住宅之间的配置关系、耕地的划分、道路及水系的规划等,都直接影响着村落形态的构成。聚落景观是人类行为的结果,反映了人与自然之间最直接的关系,包括村落中的建筑、街巷、道路、桥梁、集市、耕地、生产、种植等各种人类参与构建完成的景观,其都可以称为聚落景观。

人文景观是人类聚居于村落,经过时间的不断累积,因适应当地的自然条件、人事活动等客观条件，而衍生出来的精神景观形态，包括传统、历史、习俗、审美意识、宗教信仰等。这些可以体现在村落宗祠、寺庙、地方节日、婚丧礼仪、生活习惯等各个方面。它们是人类文明的结晶，使村落景观更具有魅力和价值。

三、传统村落景观的基本认知

（一）空间布局

村落的整体布局形态大多是这样形成的：体量小且分散的村民聚居单位，不断以河流、道路为骨架，不断聚集，形成平行带状聚落，继而通过巷道、街道的连接，发展为团状聚落布局模式，并且以新的方式不断向下衍生发展。所以，村落的整体布局是一个动态的不断发展的过程。

按照具体的平面形态划分，村落空间布局模式大致有下列几种类型（如表7-1所示）。

表7-1　村落基本布局形态分类

类型	自然环境特点	位置
团状	地形多为平原、盆地	耕作区中心
带状	地势高、近水源	沿河道伸展，或沿高地呈条带状延伸
环状	山地，水源为池塘、井等	绕山环水而建
零散分布状	自然条件差、田块小	绿洲地区、丘陵和山地缓坡处等

团状：我国农村地区最为常见的布局形态，多见于平原和盆地等平缓地形区，形式近于圆形或不规则多边形。一般位于耕作地区的中心或近中心。

带状：多位于平原地区的河道、湖岸（海岸）、道路附近。因为接近水源和道路，所以既能满足农业及生活用水的需要，又能方便人们进行各种贸易活动。其基本的空间布局多沿水路或者陆路延伸，其走向成为村落展开的依据和边界。

环状：多指山区的环山村落及以河、湖、塘畔为中心的环水村落，是我国村落布局的少数类型，多呈现串珠及环带的形式感。

零散分布状：大多指散布在地面上的居民住宅，称其为村落并不贴切，住宅多沿道路和河流而建，偶有几户相连，大多住宅间距较远。这种布局对福利设施及村内居民活动均不方便。

（二）空间层次

从整体来看，传统村落的空间层次主要表现在周围环境、村落入口、建筑组群、外部空间和村中节点等几个方面。从外部出发，人们接近村落时会首先看到村落的入口，一般村落入口常有大桥、牌坊、林木等。这些构筑物以其特有的风格，表现出当地的聚落文化特征和社会地位，是整个村落有标志性和开放性的第一层次。进入村落，穿过民居建筑以及街巷，会到达村落的中心公共区域，其相对开放，与封闭的街巷形成鲜明对比，是第二层次。此外，井台、祠堂、村委会等节点空间构成了村民日常生活和活动的辅助中心，可认为是第三层次。

（三）结构特征

传统村落作为区别于城市形态的人类聚居地，因自然、社会、经济、文化等客观因素的不同，所以有着不同于城市的空间形态特征和结构序列。

从人与自然的关系来看，传统村落景观的空间多呈现亲自然、自由、闭合式的结构特征。

农耕经济形式的单一性，也使村落社会具有自足自给的生态循环关系。农耕社会自古以来"天人合一"的自然与人生观，体现了人与自然极大的亲和性和共生性。比如，村落选址要择高处，近水源，背山面水并有广阔的自然腹地；村落空间布局"契合山形水势，道路街巷随地形或水渠曲直而赋形，房屋建筑沿地势高低而组合"，这些都体现了传统村落景观的结构特征。

从人与人的关系来看，传统村落景观空间形态开放与交叉度较高，具有丰富的景观结构特征。比如，村落人际关系一般是由血缘关系、熟人社会的交往模式组成的，村落逐渐形成较闭合的交往关系，人与人之间价值观相对统一，公共性和透明性较高，村民对于村落有着相同的认知与归属感。村落景观空间中常设有村民公用的建筑和公共设施，如祠堂、水井等，村民之间的交流与交往频繁。

第二节 传统村落景观设计思想多面观

传统村落作为人类居住的小环境，是人与自然相适应产生的直接载体，关于传统村落景观的设计包括选址、布局、空间、结构等各方面的处理模式，是人们千百年来不断研究总结，并按照一系列约定俗成的设计思想进行的。

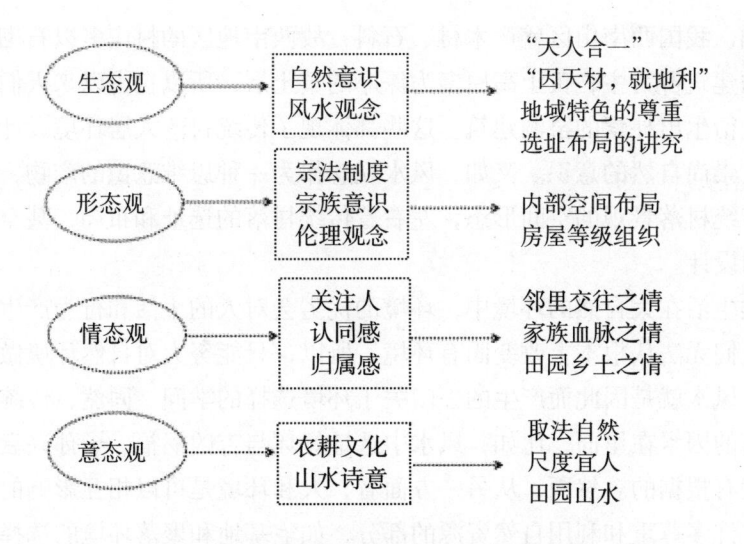

```
生态观 → 自然意识      "天人合一"
         风水观念      "因天材，就地利"
                      地域特色的尊重
                      选址布局的讲究

形态观 → 宗法制度
         宗族意识      内部空间布局
         伦理观念      房屋等级组织

情态观 → 关注人        邻里交往之情
         认同感        家族血脉之情
         归属感        田园乡土之情

意态观 → 农耕文化      取法自然
         山水诗意      尺度宜人
                      田园山水
```

图 7-1　传统村落景观设计思想内涵示意图

传统村落景观设计思想指在村落景观漫长的形成过程中，人类逐步改造自然、改善居住环境所产生的智慧，在多方面的功利要求和文化理念下形成的环境设计意识。它体现在传统村落建造形成过程中，描述着人与自然、人与人之间最直接的关系，集中表达着历史的信息、文化的语义。

可以说，传统村落景观设计思想，作为一种复杂的思想意识形态，融生态、形态、情态、意态于一体，具体体现在村落景观在处理空间环境关系时所遵循的自然意识、风水观念、宗族礼制、宗教信仰、地缘意识等各方面。我们可以从以下四个方面来理解。

一、注重自然和谐统一的生态观

传统村落在景观设计方面最大的特点，便是对自然尊崇的思想。《宅经》中说："宅以形势为骨体，以泉水为血脉，以土地为皮肉，以草木为发，以屋舍为衣服，以门户为衬带，若得如斯是俨雅，仍为上吉。"其强调的是村落建筑、道路空间的设计以山峦形式为骨架、水源植被为血肉的布局观念，建筑与其所处的生态环境、自然条件是有万千联系的。村落景观的营建应从现实出发，顺应自然，积极地探索利用自然中的生态要素，在自然中创造独有的秩序。

在传统村落景观的形成过程中，人们提倡"天人合一""因天材，就地利"等思想，主张人是自然中不可分割的一部分，人应该顺应自然规律，这表明村民的生活与自然环境是紧密联系在一起的。

比如，我国西南山区盛产木材、石料，故西南地区的村庄多以石砌和干阑式木结构建筑群为主；黄土高原多为深厚的黄土层，所以自古以来人们便凿洞而居，故衍生出朴素的窑洞建筑。这些都体现了传统村落人居环境设计遵循自然规律、崇尚自然的意识。又如，风水观念作为一种思维意识的产物，深深地影响着传统村落景观的空间形态，左右着传统村落的选址和布局，甚至整体景观空间的设计。

人类生活在大自然的环境中，环境的优劣会对人的生活和行为产生极大的影响。人们无法从根本上改变固有环境，所以，只能努力对自然环境做出主观的选择。风水就是因此而产生的一门关于环境选择的学问。固然，传统风水观不乏迷信的因素在里面，比如，风水中选址好坏与吉凶祸福、子孙兴衰相关的说法是没有根据的。然而，从另一方面看，人和环境是可以相互影响的，风水理论中有许多尊重和利用自然资源的部分，如宅基地和聚落环境的选择既讲求实用，又注重景观优美宜人。例如，传统村落选址普遍遵循"相其阴阳，观其流泉"的看法，意思是说村落选址多在光线充沛、水源丰富、空气畅通的地点，这有利于满足村民的生活及生产需要。而村落布局讲究"背山面水""负阴抱阳"。背山即背靠向北方向的山，以此阻挡冬日的寒潮，面水则是面向南方的水流，如此便能迎接季风，使人感受到季节的温暖，朝阳可以使光照更加充足，这样的空间场所有利于设计良好的生态循环，从而形成适合人类生存的环境。

诸如此类的传统观念，深刻体现了在传统村落景观设计过程中朴素的生态观念，也提醒着现代人要遵循自然规律，不要忽视传统的生态意识，应当运用现代化的手段和先进的技术，调节生产活动，从而建立一个自然环境和人文景观和谐共生的世界。

二、与传统社会相适应的形态观

传统村落是以血缘关系、宗族礼制为基础形成的，因此，传统村落在空间组织、布局、房屋等级等各方面都十分注重伦理观念。"君子营建宫室，宗庙为先，诚以祖宗发源之地，支派皆源于兹"，指的是在传统村落中，体现宗族权威的祠堂、宗庙大多占据村落的中央位置。村落整体空间布局便以此为中心，呈现出一种主次分明、先后有序的空间形态。与此同时，单一建筑的群体组合本身也体现了源于伦理关系的布局秩序，如堂屋、厢房、一重或数重进深，而众多建筑通过中轴线和庭院的组合，居中为大，主次分明，具有明显的秩序感。

古代城市有"方九里，旁三门，经涂九轨""左祖右社""前朝后市"之制，讲究规整划一，规制注重空间布局形式的整体性与对称性。当然，传统村落由于规模小、等级低，所以更加强调自然主义，主张结合自然山水，融入人文理念，追求内涵而非形式上的整体感，努力在秩序的平衡中寻求丰富的变化。

由此可见，宗族意识不仅在传统社会中具有十分重要的地位，而且对村落景观也产生了极其深远的影响。这种由血缘、宗族关系衍生出来的"空间"关系，千百年来一直影响着中国传统村落景观的外在形态。

三、寄托民众生命关怀的情态观

中国传统文化向来是以讨论"人生""生命的价值"为主要内容的，"没有什么比生命更宝贵、比人更应当受到关怀"，尊重生命，关注人的内在需求成为传统聚落营建的一种重要的价值观。传统村落作为人类居住的物质环境，是表达人的生命存在的空间形式，其形成过程是漫长而缓慢的。人们不断适应自然，不断解决过去和现有的生活、功能及环境问题，从而形成村民共同认可的生活方式。

比如，作为相对独立封闭的社会单元，传统村落具有一定的排他性和内聚性。一方面，村民无论有无血缘关系，都因为有着共同的生活背景，逐渐在心理、思维、生活方式等方面，形成认同感。另一方面，共同使用各种生活设施，如水井、磨盘等，促进了村民之间的交流，加强了传统村落人居环境的家园感。

在传统村落景观中，无论是溪畔、桥头、井台等生活场所，还是戏台、凉台、广场等交际空间，都体现着宜人的尺度感，渗透着传统村落所特有的民俗之情，包括田园乡土之情、家族血脉之情以及邻里交往之情等。

四、表达传统文化追求的意态观

意境之美是传统农耕文化追求的最高境界。传统的村落景观受自给自足生活观念的影响和儒家理学思想的长期教化，多取法自然、尺度宜人，以田园山水、青山绿野为背景，与自然环境融为一体。仅就村落景观的外在部分而言，其也许朴实无华，但内在部分却形态丰富、意味深远。传统村落的设计重视精神的体现、情感的抒发，反映着以意为美的审美需求。

比如，古代文人常陶醉于描述田园山水之境，尤其喜欢把山水诗画的意韵引入村落景观的设计过程中，以实现村落实景与意境的统一。这种植根于传统文化的对于意境的追求，也影响着传统村落的生活空间，更影响着村落景观的设计方式。《桃花源记》中所描述的"桃花源"，便是人们所向往的理想的村落人居环境。又如，中国传统村落，如"王江晓月""壶山倒影""龙冈夕照"等景，也成为村落山水画般的景观。

总结起来说，传统村落景观的设计思想大致包括以上四个方面的内容，当然这几个方面的内容对于传统村落规划与布局等各方面的影响是不尽相同的，也是此重彼轻、各有侧重的。

中国传统村落景观，注重实现环境在生态、形态、情态和意态等方面的有机统一，并努力设计舒适、安静、祥和、朴实的人居场所，以实现人、自然、社会、建筑物等的有机融合，体现了人类创造的价值和理想及内在实质。

第三节 传统村落景观的发展历程

一、传统村落景观的转型是历史的必然

（一）原始时期（传统村落景观的出现）

自人类有定居生活开始，中国就有了自己的聚落景观体系。村落的发展演变便开始了其动态而持续的过程，从古至今，村落景观在不同的人类文明水平下，呈现着不同阶段的特点。从原始到现在，不断受自然及社会因素的影响，村落景观的不断转型是历史发展的必然。

在远古时期，人类聚族而居，由最早的树居、巢居和地面露天居住，演变为后来的穴居、半穴居以及地面房屋，地面居住者开始增多。如《韩非子·五蠹》中记载的"上古之世，人民少而禽兽众，人民不胜禽兽虫蛇，有圣人作，构木为巢，以避群害，而民悦之，使王天下，好之曰有巢氏"便提到了远古巢居和穴居两种居住方式。随着畜牧业与农业的劳动分工，也就是原始农业的兴起，人类的居住方式也由游牧改为定居，由此便出现了真正意义上的固定村落。这一转变对人类发展具有不可估量的影响。因为定居使农业生产效率提高，使运输成为必要，促进了建筑技术的发展，使人们有了长远的生活目标，强化了人们的集体意识，形成了"群内"和"群外"的观念，从而为更大规模社会组织的出现提供了前提。

随着村落规模的逐渐扩大，村落内部出现了简单的功能划分，原始村落不仅只是单独的居住地，更是生活、生产等重要场所，空间布局规划思想在此萌芽。中国传统村落以血缘为纽带，村落从起源到布局所体现的宗族性，在远古时期

已有所表现。如西安半坡氏族原始村落，当时的村落形态已较为完备，居住区中心有氏族首领及老幼成员的住所，是整个村落布局的中心，其他体量小的房屋围绕其布局，体现了明显的向心特征。朴素的村落景观营造观念开始出现。

（二）封建社会时期（传统村落景观定型）

纵观影响村落景观发展的因素，总体而言，在这一段时期，自然环境的变化是相对较小的，影响村落景观演变的因素主要还是生产环境和社会文化环境的发展和变动。随着中国封建社会的向前发展，村落景观的演变进入了漫长的发展阶段。社会生产力及传统文化以及认知水平虽然都在逐步提高，但村落景观在每个时间段都有不同的特点。村落景观虽然经历了时间变换的洗礼，村落布局及建筑的形式都发生了很多改变，但是从整体而言，中国的村落景观并没有发生根本性的变化，依旧延承了传统村落建筑、布局及传统文化的基本特点。

从有文字记载的历史，直到新中国成立前，经历了奴隶社会、封建社会和半封建半殖民地社会，在漫长的三四千年间，村落的发展与变化是比较缓慢的。当然，建筑艺术、聚落规模和密度等还是有差异的，但许多村落和集镇城市几千年来的位置没有什么变化，秦砖汉瓦或土墙茅顶直到新中国成立依然如故。

中国传统建筑以木结构为主，不像西方以石料为建筑基础，这使传统村落景观的保存具有难度，所以今天看到的保存相对较好的传统村落，多数是清代以来的村落。虽然我们无法考究古代村落景观的真实变化，但从本质上看，传统村落景观在封建社会时期的精髓是始终如一的。

（三）现代文明时期（传统村落景观的转型）

随着城市化和农业现代化的持续推进，在当今时代，村落景观的整体面貌因经济格局、社会文化格局的变化发生着非常明显的变化。

首先，现代社会环境的变革与村落传统发展模式的现状冲突越来越显著。传统居住方式已明显表现出与现代居住需求的不适应。其主要表现在扩建的需求（面积、空间等）、功能与设备的更新需求、社会心理需求等方面。

特别是近十年来，中国社会环境迅猛变化，村落系统的适应性和平衡能力逐渐弱化，已经难以应付这样强大的干扰。当传统村落居住环境难以满足现代人更多的需求时，其结果只能是村落系统面临转型。传统环境系统面临现代化的冲击，也出现了很多问题。比如，由于规划管理的不规范，村落建筑仍沿用自营建构为主的方式。为了尽快改善生活环境，村民很难意识到保护村落地方文化特色的重要性，进而对传统村落盲目开发，随意拆改，在建设过程中忽略对环境的保护，使村落生态环境面临很多问题。这些都是在现代文明时期，村落景观发展需要思考的问题。

村落景观从原生走到现在，是一个从低级走向高级的演进发展过程。由原始的自然无序状态，到有意识的规划状态，村落景观随着时代及环境影响因素的变化，必然会做出自己的调整。因此，在现代化生活环境变化极大的今天，村落景观的现代化转型也是历史的必然。

二、北京周边村落景观调研分析

（一）研究对象

1. 客观分析——村落景观

村落景观主要包括了自然景观、聚落景观、人文景观等类型，由村落建筑、空间布局、街巷、绿化以及风俗、文化等各景观要素构成。其中村落建筑作为主要元素，最能体现所属村落的地域个性及整体景观风貌。

北京周边村落众多。它们因为各种客观条件的相似，以及后期规划的不同，所以既存在一定的共同点，又有相应的差异性。目前北京区域内现存的村落而言，按照不同的建设方法可以分为传统保护式、传统继承式、外观改造式三种类型；按照不同的时代特征可以分为明清至民国、建国初至20世纪80年代、20世纪90年代、21世纪初四种类型。

本书对于村落景观现状的调查分析，主要以村落建筑风貌为第一分析要素，仅选取了几个较有代表性的村落结合相关调查资料，分析了北京周边村落景观的不同特点及现状问题并做了初步的总结，以期有助于这一方面的后续分析。

2. 主体评价——村民

村民是在村落中生活的主体，他们对于自身所处的环境有着最直接的认识，但也因相应条件的限制，如经济收入、生活需求、思维认知水平等的不均衡，对自身环境存在一定的认识偏差。所以，村民对所处环境的看法也有利于笔者对村落景观现状的研究分析。

（二）明清至民国时期村落风貌

1. 村落景观现状

北京周边至今仍保存着一些具有明清至民国时期特色的村落景观，如灵水村、爨底下村等。

这一类型的村落风貌，建筑多为一层合院式布局，保存的民居多为青砖瓦房或石板房。其以青砖、青瓦、木材及当地石材为构筑材料，并因地形而组合成富有变化的建筑群，与自然环境相协调，尺度宜人，极具传统特色。总体来说，这一时期的村落景观很好地反映了地域文化特征与民俗文化传统，包括建筑样式、材料、结构等具有很高的艺术特色和美学科研价值。

目前，这类村落主要分布在远离市中心的山区，除少数村落被开发为旅游景区之外，大部分村落发展仍旧处于停滞状态，交通不便，基础设施落后，人口老龄化、空巢化现象严重。

2. 现有建设趋势

近年来，人们对传统建筑文化开始有所认同与关注，因此很多村庄开始对所处村落进行不同程度的更新建设与规划，期望发展旅游业。然而，这一类仍保持明清至民国时期特色的村落，却也因其所处条件而面临着以下几种不同的命运。

首先，发展为旅游景区的村落，传统特色保存较好。这一种类型的村落，既因为其景观本身如建筑、街巷等保存较为完整，又因其所处位置便利、自然景色优美等客观条件，加上村民开始意识到村落景观的旅游价值，更加注重对于自身环境的维护与更新，因此形成了较好的发展态势。

其次，无法发展旅游业的村落，传统景观特色面临改造。由于自身村落景观保存不足，村落无法吸引游客，发展旅游业，同时，这一类村落因为民居建筑已经不能满足现代人的生产生活需求，所以很多村民开始修建新式民居，传统村落景观面临改变。

最后，自身条件较差，或因交通等原因，经济来源单一，村落景观濒临废弃。这一类村庄多远离市区，位于偏僻的山区，农民无法获得充足的收入，往往外出打工，村落面临被闲置和被废弃的局面。

3. 案例——灵水村

灵水村位于北京门头沟区斋堂镇，是北京知名的传统风貌保存较好的村落。因为古代村中考取功名的人层出不穷，因此灵水村又被称为"举人村"。灵水村自然风光秀丽，文物古迹众多，当地古民居是北方明清时期传统村落建筑的典范，保存现状良好。

当前随着旅游业的兴起，灵水村依托良好的自身条件，积极进行基础设施的完善，加大对传统村落景观的整体保护力度，使居民收入大大增加，村落环境也得到了改善。

（三）建国初至 20 世纪 80 年代村落风貌

1. 村落景观现状

这一时期的村落景观基本保留了传统的空间格局或建筑形式。比如，多数建筑依旧沿用一层合院式布局，与传统村落民居相比，建筑布局和造型有相通之处，同样具有坡屋顶、院落、院墙等基本形式感。但是传统的建筑材料发生了改变，在当时，对于中国大部分地区而言，红机砖和红机瓦等建筑材料非常普及，代替了原先的青砖、青瓦和当地石材，"红砖房"大面积出现。这一类村落，主要分布在北京交通条件、基础设施相对落后，旅游资源不丰富，生活水平较低或处于中等的地区。

2. 现有建设趋势

随着时代的进步，这一类型的村落在如今看来，依旧相对传统。但是由于不像北京明清时期的传统村落那样，具备特色旅游价值，同时传统的建筑格局或居住条件越来越不能够满足村民更高的生活需求。因此，很多村民开始有意识地进行改建，这使这一类型的村落处于建设的十字路口，若有正确的理念对其进行指导规划设计，那么它便可以向传统村落风貌的良性方向发展；反之，则会更多地受城市模式的影响，越来越多地采用新的技术、材料，掩盖传统的痕迹。

3. 案例——泥洼村

泥洼村位于昌平区百善镇的西北部，南距六环路 1.5 公里，西与钟家营村接壤，北距京密引水渠 1 公里，东与狮子营村比邻。在房屋建造方面，其比传统村落有所改进，在建筑材料上使用了红机砖；在房屋设计方面，其比先前有所改进，但仍然是一层院落式，只是在原有样式上有一定的小修小补。

（四）20 世纪 90 年代村落风貌

1. 村落景观现状

步入 20 世纪 90 年代，经济逐步发展，现代生活元素日益渗入。受城市化的影响，随着建筑技术的发展，各种新的建筑材料相继出现，这一时期村落景观的整体风貌开始出现一种杂乱无章的现象。这一时期村落建筑较为明显的特征包括，外墙不只用红机砖，在此基础上还贴瓷砖或者刷涂料；除了红机砖坡屋顶外，开始出现平屋顶；二层建筑出现，庭院格局也有所改变。

2. 建设特点

这些具有 20 世纪 90 年代特征的村落，在建设过程中，因为建筑位置、形式、高度等方面的改变，自然景观常常会遭到破坏，传统文化特色也逐渐消失，出现了很多问题。

第一，民居建筑与传统民居相去甚远，屋顶形式很多采用平屋顶，原有的合院式坡屋顶的建筑形式受到冲击，建筑表情呆板。

第二，很多建筑开始用水泥、瓷砖以及铁皮等材料做建筑外墙材料，这样新旧杂乱的色彩及材料与传统建筑的自然材料不协调。

第三，传统民居建筑多为一层合院式建筑，20 世纪 90 年代的村落建筑，新建、改建的现象很多，这造成建筑尺度过大，私搭乱建现象严重，与自然环境极不协调。

3. 案例——钟家营村

钟家营村位于北京市昌平区百善镇，东与泥洼村接壤。在房屋建造方面，其很明显已经开始用瓷砖、粉刷涂料等，部分家庭建二层建筑，建具有现代化风格的大门，粉刷颜色鲜亮的涂料，但整体变化参差不齐，可谓"落后与先进并存"。

（五）21 世纪初村落风貌

进入 21 世纪，村落景观现代化转型日益明显，一方面，村落景观受城市化影响越来越大；另一方面，人们开始意识到传统村落景观在建筑、文化等方面的价值，同时开始反省过去在建设中出现的各种问题。因此，当前周边一些村落景观分化出异化与回归两个相反的发展方向。

1. 方向一：异化

（1）村落景观状况

别墅式民居建筑越来越多，多为二层小楼，参差不齐，在建造过程中多采用新型材料，屋顶材料出现彩色平板瓦、筒瓦、波形瓦等，外墙采用涂料或面砖。因当地较为富裕，故这类村落景观多由集体统一开发建造，基础设施建设较过去有所提高，较为符合现代人的生活要求。

（2）主要特点

建筑尺度改变较大，二层或更高建筑出现频繁；彩色涂料和瓷砖应用广泛；

造型异化，建筑统一化，传统民居特色消失；村落空间整体尺度感与自然环境冲突。

(3) 案例——赵家台新村

赵家台村位于门头沟潭柘寺镇，距市中心30公里。村域面积3平方公里，四面环山。赵家台分老村、新村两部分，老村历史悠久，素有"纸糊的北京城，铁打的赵家台"之说。赵家台老村位于山腰之上，这使当地村民的生活极为不便，因此为了改善村民的生活条件，该村决定搬迁新建。在潭柘寺附近可看到许多整齐的二层小楼，中式楼顶、西式结构，这就是赵家台新村整齐的农村别墅。

2. 方向二：回归

(1) 村落基本状况

这类村落从选址、布局到建筑单体的设计，开始有所控制，新规划后的村落整体风貌较为统一，建筑也努力反映传统特色，体现传统建筑文化。而这类村落存在的主要问题是建筑外观缺乏丰富变化，趋于雷同。此类村落多分布在旅游业发展较好的地区，借助新兴产业和资金的扶持，有能力对村落整体景观进行改造。如七道梁村、庄户村等。

(2) 案例——七道梁村

七道梁村位于北京远郊，是北京首个满族八旗文化新村。七道梁村依托满族文化大力发展民俗旅游接待业，"观满族建筑，尝二八席宴，住农家火炕"成为七道梁村的特色文化。通过旧村改造建新村，七道梁村按照传统三合院的形式布局，在建筑材料、色彩、工艺等方面均仿照传统民居样式，从而形成了独有的村落景观风貌。

以下是北京不同时期村落民居风貌景观要素综合对比（如表7-2所示）。

表7-2　北京不同时期村落民居风貌景观要素综合对比

时期	明清—民国	建国初—20世纪80年代	20世纪90年代	21世纪初
格局	一层合院式内向格局	一层合院式内向格局	一层或多层合院式淡化建筑外向	异化：别墅式 一层或多层，建筑外向 回归：传统式 一层合院式，建筑内向
屋顶	坡顶 青砖瓦 石板瓦	坡顶 红机瓦	坡顶、平顶、红机瓦、铁皮屋顶、彩色水泥瓦	异化：坡顶或平顶 平板瓦、筒瓦、波形瓦 回归：坡顶 多样化屋顶瓦

续　表

时期	明清—民国	建国初—20世纪80年代	20世纪90年代	21世纪初
院墙	青砖墙 石墙	红机砖 部分水刷石	红机砖 贴瓷砖 刷涂料	异化：红机砖、贴瓷砖、刷涂料 回归：砖墙、仿青砖墙、刷传统色涂料
材料	青砖、青瓦、木材、当地石材	红机砖、红机瓦	红机砖、瓷砖、涂料、水泥、铁皮	异化：红机砖、瓷砖、涂料、水泥、铁皮等新型建材 回归：烧结砖、仿古砖、涂料
案例	灵水村 爨底下村	泥洼村	钟家营村	异化：赵家台新村 回归：七道梁村
特点	自然环境相协调，尺度宜人，富有传统特色	相对传统 站在十字路口	自然景观开始遭到破坏，传统文化特色也逐渐消失	尺度改变较大，传统特色消失严重；与自然环境冲突 村落风貌较统一，努力反映传统特色，但缺乏丰富变化，趋于雷同
模式	传统保护式	传统继承式		外观改造式

第四节　传统村落景观设计思想对现代农村景观设计的影响

一、传统村落景观设计思想的扬弃

（一）传统村落景观影响因素的强化与弱化

传统村落景观营造思想中包含着对现代农村景观有利的各种因素，然而随着农村产业结构的调整和社会文化的逐渐丰富，影响村落空间形态的相关因素有了很大的变化（如图7-1所示）。

```
村落景观影响因素
├── 弱化的传统因素
│   ├── 宗族观念 —— 秩序空间、整体村落
│   ├── 防御需求 —— 安全空间、亲密关系
│   └── 风水思想 —— 环境意识、审美情趣
├── 强化的传统因素
│   ├── 生态意识 —— 生态、景观意识
│   ├── 民族信仰 —— 文化认同
│   └── 地域关系 —— 领域空间、共用设施
└── 融入的因素
    ├── 新理念 —— 文娱、交往、教育
    └── 新技术 —— 交通、公共设施

生态景观完整性
空间形态整体性
地缘关系领域性
```

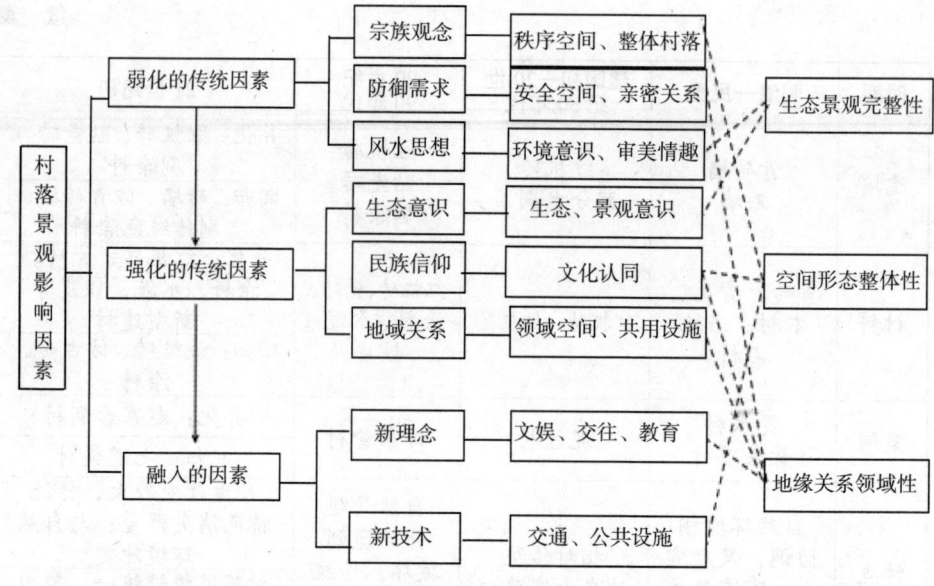

图 7-1 村落空间形态影响因素

一方面，过去对传统村落空间形态起过决定性作用的影响因素，受现代文化的冲击已呈现出弱化趋势，如宗族观念、防御需求和风水思想等。

仅就防御需求来看，在过去动荡不安的年代，由于个体的对外防御能力较弱，所以为了共同抵抗外界的侵略，人们往往群居，形成向心的布局形态，以便团结成一体，发挥更好的防御作用。如福建的土楼，客家人将居所建成向心型的独立建筑。其外墙厚一至二米，一、二层不开窗，大门一关，土楼便成为坚不可摧的堡垒，具有较好的安全防御功能。现在看来，如此严密的抵御设计，已经不符合当今时代的整体发展状况。但是，基于这种观念形成的村落空间形态的整体性、密切的邻里关系和居民的心理安全感等仍是村落景观未来发展过程中应该始终保持的。

另一方面，随着现代生态观念的普及，人们开始对民族传统文化进行重新审视，这使影响传统村落布局的重要因素如生态意识、民族信仰、地域关系等，依然对今天的农村景观设计有重要的参考价值。

当然，现代农村景观设计既要传承传统又要立足现实，因此，规划必须考虑新生因素的影响，应融入新的生活理念，推广新型技术。新生活理念主要指村民的文化娱乐、交往、教育等，新型技术主要指现代交通和公共服务设施，如给水排水、电力电信等。

总之，在传承传统村落景观营造思想的前提下，人们应对影响现代村落空

间形态的因素进行梳理，了解传统村落景观营造思想对今天的农村有何启示作用，从而确定现代农村景观设计中的侧重点。

（二）传统村落生态设计观的启示——实现对村落景观的维护整合

传统村落景观营造思想中关于生态、自然的认识是与时俱进的，它源于人类先祖因敬畏自然、保护自然而选择的一种对环境的处理方式。

在现代社会，生态设计已经成为人们经常讨论的话题。它是人类在面临生态恶化、环境破坏、资源危机、物种灭绝等重大挑战时，反省自身行为的重新修正的选择。

中国传统村落特别关注人、建筑、自然的关系，即"天人"关系。从传统村落景观营造的模式来看，人类的主要活动便是对居住环境的改善，顺应天道，以自然生态系统为本，来营造居住的人工生态系统。因此，我们可以将注重自然意识的中国传统村落称为传统生态村落。而传统村落景观营造思想所体现的生态观念、风水意识，不仅注重人与自然关系的整体把握，而且讲究建筑人文美与环境自然美的和谐统一，既表现出浓厚的美学特质，又显示出中国传统文化的鲜明特色。

所以，传统村落景观营造过程中体现的环境观，对于现代农村景观的维护和整合具有积极意义。将传统村落景观营造思想中的有益因素，如自然生态意识乃至风水观念，应用到现代村落景观设计中，可以实现对自然环境的维护，能够很好地保护景观的完整性。比如，可以从传统村落景观营造中的地形、水文、植被等方面进行阐述。

1. 地形

我们祖先很早就意识到地形的重要性。早在村落建成初期，人们便费尽心力地"相地""尝土"。从风水相地的角度来看，其注重的是对整体环境的把握，首先希望"山环水抱，朝案有情"，然后审其形、其势、其气，理"水"、点"穴"，再逐步扩展到对局部环境的规划与建造方面，进而追求整体环境的和谐完美。这种思想体现在许多方面，人们多会考虑选地能否有利于农业生产，在村落选址、陵墓营建时会考虑周围山形、风向、水流、阳光等各种因素，从而选定适宜的建设地点。

从以上内容可以看出，在现代景观设计观念中，人们对于地形的分析认识常从流域尺度出发，与水源、公共空间保护、栖息地保护等多种因素结合起来，综合考虑地形、坡地稳定性、土壤等因素。在此基础上，采用适当的方法来控制和引导开发。这一点和"相地"的观点是相似的，但传统的景观营造理论，在这个基础上，更加注重文化意义的融合，这使村落景观的处理更加具有地域文化特征。

2. 水文

水是所有环境景观设计的重点部分，场地规划可以通过它组织起来。第一，古人早就认为"风水之法，得水为尚"，水不仅可以起到美化的作用，而且可以净化空气、改善居住区的小气候。同时，古人也善于运用丰富的设计手法和组合方式，如静水、动水、跌水等，将水的生命体现出来，营造十分丰富的视觉效果。第二，传统村落关于水的设计理念还可以表现在雨水的收集和污水处理之后的再利用方面，如宏村的人工水系、堰村的水系等，这些都体现了古人的智慧。

宏村水系又被称为"牛形水系"，由引水河坝、水圳、月沼、南湖和民居水塘五部分组成。水在宏村充分发挥了生产、生活和改善生态的作用。

整个水系引活水入内，起着防火、洗涤、饮用、灌溉、排污排涝的作用。村民引水入户，凿池养鱼，植花种草，休养生息。宏村水系与村落的建筑、道路、绿化、景观等融合在一起，与生活在其中的村民之间也形成了相互依存的关系。水因人而活，人因水而灵。

值得一提的是，整个水系将乡间溪流引入其中，使其与村中水域相通，水系中的水量和流速常年稳定，村民在日常使用时也十分注重保护水质，加上南湖的沉淀、生态过滤和净化，流入溪流时依然清澈如初。宏村将村水系改造成可以自我更新的生态系统，使山村充满了生命的活力。

3. 植被

植被是景观现状和变化的"指示器"，不仅对径流、土壤侵蚀、坡体稳定性、小气候以及噪声等能起到调节作用，而且能起到增加场地美感和空间感、影响行人行为、限定场地的作用。此外，植被作为生物栖息地的基础，能在生物保护中起到重要作用。

关于这一点，中国古代先祖的风水理论常把"土高水深，郁草林茂"的生态环境看成理想的风水环境，认识到林木植被对防止水土流失、调节小气候的作用，并且把"气好、林茂、大吉"联系在一起，这些虽是风水意识的产物，但在一定程度上反映了传统村落景观营造过程中所体现的绿化思想。传统村落重视生态环境的保护，保护自然环境不受或尽量少受人类的干扰，使生态环境达到平衡、天人和谐的状态，这为现代农村景观设计提供了具有地方特色的环境保护模式和生态平衡的思路。例如，四川成都的桃花诗村，依山势进行植被绿化设计，广种植物，将桃花作为"现代的风水林"，从而形成了十里桃花的乡村特色景观。

（三）传统村落景观人文智慧的转换——实现对村落地域文化特色的延续

人们通过对建筑营造思想的借鉴，以及对民俗习惯的重视与利用，实现了对村落地域文化特色的传承。

1. 传统村落建筑营造技术的启示

传统村落在漫长的形成过程中，不断适应自然，形成了能够适应各地多样环境的、生态的、朴素的建筑体系，体现了因地制宜、与自然共生的思想，这些都为今天的农村建设提供了宝贵的经验。

①在结合地域环境方面，江南水乡的民居临河建造，街道顺河道方向蜿蜒延伸，空间层次丰富；山地地区的民居，习惯顺山势建造，常采用高低错落、叠落、吊脚等处理方式；黄土高原的民居——窑洞则充分利用崖壁稳固、坚实、冬暖夏凉的特性建造窑洞。

②在适应自然气候方面，传统建筑常利用开阔的厅、堂、廊、院落、天井等进行布局，满足自然通风、降温、采光、保暖等基本的生活需求。比如，北方合院住宅外墙不开窗，中有开阔的院落，冬天既能避风沙，又能获得较多的阳光；南方住宅中的窄小天井在有助于通风避热的同时，还能更多地阻挡南方灼热的阳光；窑洞这种覆土建筑，具有天然的恒温作用，既节约了建筑材料，又降低了建筑能耗。

③在建材方面，传统村落的居民常就地取材。如西藏等山地的居民，常用当地的石材建造古朴、粗犷的藏式民居。西南少数民族，如傣族，则利用当地的木材、毛竹等，建造轻盈精致的竹楼、木质吊脚楼。

中国传统村落建筑的营造技术历来受到中外学者的关注，其所体现的朴素的生态科学理念以及浓厚的地域文化特色，对于今天的村落建筑发展有积极的影响。

2. 传统村落生活经验与习俗的传承

流行于民间社会的风俗习惯是某个地区长期形成的不易改变的生活经验、方式、社会风尚等。

俗话讲，"十里不同风，百里不同俗"。不同的地域环境所孕育的习俗文化的差异是非常明显的。文化习俗是一定地域内居民社会文化与生活方式的长期积淀，有一定的地方性特点。村落景观在其演化过程中必然会受其所在区域风俗习惯的影响。同时，习俗的形成及其影响是长久的，具有一定的传承性，村落景观也因受风俗习惯的影响而呈现出一脉相承的特点，这在村落空间的风格、布局和建筑建造技术方面有所体现。比如，过去农民文化生活单调，看戏是其难得的文化活动。很多村庄都建有戏台，成为村民文化交流的重要场所。传统村落生活习俗的延续，对于现代村落景观的保护和村落地域文化的传承有着重要的促进作用。

（四）传统村落景观人本意识的延续——实现村民归属感与认同感的构建

村落作为独立的社会单元，体现着人的地位与价值，具有强烈的内聚性和排他性。村民相同的血缘，或相同的生活背景、生活环境，常影响着他们的思想、行为和生活方式，从而使其产生对居住环境的归属感和认同感。

1. 关注人的需求

中国思想哲学的核心是对人生的讨论，也是对人生最高准则的探讨，是对人性的终极关注。儒家思想向来重视"人道"，关注的是"天下太平""世界大同"的人生之道。在传统村落景观的营造过程中，人们向来注重"人本主义"，景观空间的营造注重生活模式与交往空间的营造，村民对自己的生活环境充满着归属感。以人为本也是当前农村建设的主要思想，人性自古以来没有发生很大变化，所以现代农村景观设计要回到以人为本、关注人的本性、满足人的全面需求等方面，如此才可能长久地发展下去。

2. 人与人的关系

传统村落社会往往以血缘与地缘关系为纽带。因此，在传统社会中，人与人之间有着特殊的亲情与邻里关系。现代村落正逐步由血缘型向地缘型转化，地域观已逐步成为影响现代村落凝聚力的重要因素，起着维系村民意识的作用。而随着现代农村景观的不断发展，一些不良因素渗入其中，如盲目羡慕城市文明等，使居民对村落的地域感逐渐消失，村民对自身环境的集体认同感也逐渐削弱，村民和谐的关系逐渐失去根基。因此，梳理现代村落人与人之间的关系，是当今农村建设需要解决的重点问题之一。

二、内在精神的延续

（一）村民地缘关系的强化

在农村景观建设中，人们可以适当还原乡土环境中的生活，以寻回对乡土景观的归属感，通过各种乡土景观符号向他人阐述村民曾经的故事、现在的生活和对未来的憧憬。传统村落注重人与人之间的关系，即地缘关系。地缘关系指一定地区范围内的人们由于共同生活、活动、交往而产生的人际关系。地缘关系在很大程度上有较明显的边界领域，有共同的生产方式、生活习俗和共用设施，有共同的信仰。

现代农村景观的地缘关系可以从以下几方面进行加强。

1. 规划清晰的地域边界

地域边界可以分为物质边界和心理边界。物质边界指一定环境范围内由客观的设施或景观构筑物营造出的地域边界，如牌坊等。心理边界则主要描述人心里的感觉。比如，由村落建筑的竖向感与农田菜地的水平感的对比而形成的村落的边界在平原地区尤为明显。村民不管在哪里总可以感知这种领域感，清楚地知道哪里是自己的家。所以在现代农村景观设计中，人们可以有意识地促进地域感的形成，如通过规划完整紧凑的空间形态，注意村口景观的环境处理，使之形成清晰边界，从而促进凝聚力和领域感的形成。

2. 加强共用设施建设

共用设施是鼓励人们交往的有效手段。传统的公用设施，如祠堂、宗庙等，有些已丧失原有功能，有些虽使用至今，但功能已经弱化。如此一来，村民的和谐关系将面临挑战，邻里关系也将逐渐淡化。如在很多关于村落生活的描述中，清澈的水井旁总会有三三两两的人聚集，或是打水，或是洗衣……这些似乎已经成了传统村落景观中的经典画面，人们通过共用这些设施，增强彼此之间的联系。而现在生活水平提高了，共用设施的建设也应该与时俱进。如人们可以通过修建文化娱乐中心、休憩广场等共用设施，来满足现代人生活的需要，从而促进村民之间的交流。

3. 营造宜人的邻里空间

传统村落中的邻里交往空间是丰富多样的，如河岸、井旁、村口树下、巷道、宅前等。这些交往空间的分布有着合理性。比如，河岸、水井旁的交往是因村民共用设施而引起的；村口作为村落的出入口，是村民和外来人员经过的地方，人气较足；村中种植的大树为村民提供了乘凉、遮阳的空间；巷道、宅前是村民日常生活的主要场所，村民在这里的交往活动比较频繁。

融洽的村民关系是交往空间形成的基础，而交往空间又能进一步促进人们交往活动的发生，两者互相促进。因此，这些交往空间对于人际关系的和谐有着积极的作用。遗憾的是，随着农村的现代化发展，一些传统的交往空间在建设中逐渐消失。因此，在现代农业景观设计过程中，人们应努力延续和强化村民之间的交流，通过对交往空间进行设计，如在新的村落景观设计中有意地设计尺度宜人的休闲小广场，引导和促进村民进行交往，使村民之间的关系更加和谐。

4. 强化领域标志

村落的标志物作为维系文化认同感的载体，能唤起村民灵魂深处的某种情感。领域标志可以是自然标志物也可以是人工标志物，可以有实际使用功能，如水井、石磨等，也可以有抽象的情感影响，如古树、牌坊、图腾等。从某种意义上来说，领域标志精神寄托的功能常大于其使用功能，保留和强化领域标志能达到唤起村民领域感和文化、信仰认同感的目的。

在现代农村景观设计过程中，人们需要充分挖掘村落特色标志符号：一方面，可以通过保留及场景再现的形式，表达传统主题与意境，如保留村中的古树，使其成为村落的代表场地；另一方面，提取标志性元素，将其融入现代景观或基础设施中，强化地方特色。

（二）传统村落文化的传承

如果说土地是农民的命根，那么文化便是民族的灵魂。乡村在发展进程中，每个时期都会留下独特的文化的痕迹。这种痕迹渗透在乡村物质环境和精神环境的点点滴滴中，丰富着居民的日常生活，也为现代村落景观设计提供了灵感。在现代村落景观设计过程中，人们要挖掘丰富的历史文化、民俗民风，同时展示当地的风俗、建筑、人物、事件等。如通过壁画、浮雕、景观墙、景观灯、雕塑、建筑小品、仿古建筑、公共空间等进行展现，在物质层面反映村落环境的地域性，在精神层面增强乡村的文化特征，使村落地域特征得以延续，乡村文脉得以凸显。

村落传统文化要批判地继承，使之再生。"扬弃"是西方文明在其发展历史中一直坚持的一条理性主线。它的核心是使历史能够得到批判地继承、否定地发展。因此，人们看待各个阶段的文化遗迹应持一种去粗取精、去伪存真的观念。对村落景观文化信息进行保护，将新的设计理念融入村落景观的内涵之中，使村落的历史与文明能够得到再生和延续。如浙江滕头村将原先废弃的"凝香居"，重新整修，使之成为文化展示中心，其在院内展示手工水磨年糕的制作过程，以及抬花轿、抛绣球等传统民俗，这些都充分展示并延续了滕头村的文化特色。

三、外在环境的营造

（一）村落空间形态的维护和更新

聚落所具有的美学特征，通过各种相似与相异的要素的比较被释放出来。聚落之所以能在保持整体性的同时又充满变化，是因为其各个部分存在着关联性。这种关联性源于在村落发展过程中文化与社会历史不断地积累衍生而存在于形态上的某种自然导向，引导着传统村落景观形态在看似无序的发展过程中，形成自然和谐的统一景致。这里的形态指传统村落景观展现的空间形态、建筑形态、生活形态等。

在现代农村景观设计中，居住条件及生活方式都有了很大的变化，尊重传统村落景观的形态特征、延续传统村落形态的整体性和关联性是十分重要的。人们通过对村落景观的尺度与节奏进行把握，营造理想的乡村景观，从而使现代农村生活环境能够被真正完整地保留下来。

1. 借鉴传统村落内聚性的空间布局

如同中华民族内敛的性格及人们对安身立命的坚持一样，传统村落景观的内部空间具有亲自然、内聚性的特征，能够给人带来较强的安全感和凝聚力。因此而形成的"街巷—组群—院落—建筑"的空间序列体现了一种"公共空间—半公共空间—私人空间"的渐变过程，这一点在今天新的农村景观规划过程中非常重要。只有持续地改进农村聚落的功能与形式，人们才能将其很好地保护和发展起来。聚落的发展需要有延续性，这种延续性会强化聚落的景观特色及其不可替代性。

因此，人们在现代农村景观设计过程中，应融入原有的空间肌理，通过对空间的内聚性进行考量，通过自然物体、公共建筑或公共空间，如古树、祠堂、宗庙等，使传统村落景观能够形成整体空间内聚的核心，并加强街巷的联系性。

借鉴、延续过去村落建筑群体组合布局的方式，充分结合地形，使村落整体形成大的组团，中心以院落为基础形成小的内聚性组团，这些有利于村落空间形态的整体塑造。比如，在北京平谷区的将军关村，人们在新村规划过程中，

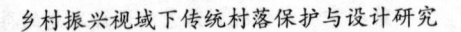

充分考虑了原有村落的布局特点，根据村落地形、道路等特点，使住宅组团前后错落形成类似传统街巷的富于变化的村落空间。

2. 合理把握村落空间尺度

传统村落因活动空间在人的基本需求之内，所以形成了人性化的空间尺度，因此空间组合更加人性化，景观更加亲切自然。在现代农村景观设计中，人们应注意把握景观的空间比例尺度。例如，控制建筑的高度，不建造大尺度的景观，建造具有亲切感和安全感的景观；尊重村庄尺度，注重街道巷陌尺度宜人。过去村民往往靠走路出行，这使传统村落空间的营造更加注重人的感受，更加具有亲切宜人的尺度感。而随着现代村落居民生活方式的变化、机动交通的发展，村落街巷需要更加合适的空间尺度来满足未来发展的需要，而与周围环境有机融合的宜人空间也显得越发重要。

（二）建筑与地域文化相结合

建筑是一个时代的见证者。它代表了一个地区在不同阶段的形成和演变过程。它是特定地域的村民在历史发展中做出的适应环境的行为的外化表现，是适合当地人生产和生活的。因此，人们在村落景观的设计中，应该秉持"历史传承，和谐创新"的原则，既尊重当地文脉与地域特色，又最大限度地适应现代人的居住习惯，从而做出相应的调整。

在村落建设过程中，无论是新村规划，还是旧村改造，人们都应对建筑进行深刻理解，对当地文化进行深刻挖掘，吸收当地民居建筑中优秀的、具有代表性的建筑元素，从而确保村落建筑特色的延续。

1. 营造独特的建筑空间

在不同地域文化背景下，地理差异与历史人文传统的不同，使建筑空间具有多样性。如江南水乡因水系发达，形成了前街后河、前市后居的空间模式；广东一带炎热多雨，为了给村民遮阳避雨，人们就把村落建筑底层的局部或全部架空，以方便人们进出，这形成了极富地方特色的建筑形式——骑楼。

2. 传统建筑符号的借鉴

人类的文化创造、文化传承都是以符号的形式来实现的。人类在创造文化的同时也在创造符号系统，文化传承与符号传承紧密相连。建筑作为不同地区地域文化的载体，必然有一定的语言符号。这些语言符号会在人们的感知中以各种不同的方式存在着。比如，人们会通过建筑的装饰或细节，来辨认其是哪个地区或民族的建筑。又如，看到马头墙，人们便知道那是徽派建筑。

3. 传统与现代的相互协调

一方面，我国幅员辽阔，不同地域有着其所特有的传统建筑材料。积极地运用当地材料，能凸显景观的地域空间特征，从而保存历史信息的可识别特征。比如，杭州黄公望村的建筑多采用黄土夯实工艺，这营造出非常自然协调的村落景观。

另一方面，时代在进步，设计领域不断出现新的技术、材料等。传统建筑固然有其优点，但人们不能因此对现代技术及材料的缺点视而不见。比如，传统建房使用的木材较多，费工、费料、费时，而后来人们逐渐使用水泥、钢、砖、铝合金等现代建筑材料，这使施工更加快捷。

所以，当旧材料、旧技术不能满足现代生活的需求时，人们也不能一味地故步自封，使用新材料、新技术同样可以诠释传统文化。从传统村落景观中选取有代表性的符号元素，用现代材料与技术进行营造，可以体现历史与现代的完美结合。如苏州博物馆水院中的八角亭，以钢结构代替原有的木结构，以玻璃屋顶代替青瓦屋顶，同样实现了与主厅的整体协调。

第八章　乡村振兴视域下传统村落文化旅游发展研究

随着国家进入转型发展的新阶段，按照"五位一体"的总布局，推动社会主义文化大发展大繁荣，弘扬中华优秀传统文化，增强民族文化自信，是新阶段的新要求。传统村落是传统文化的重要载体，保护好传统村落的文化景观，推动传统村落的旅游发展，是传承和弘扬传统文化的重要途径。但目前传统村落的文化景观保护和旅游发展还存在一些问题。本章就从文化景观保护的视角出发对传统村落文化的旅游发展的一些问题进行探讨。

第一节　传统村落文化景观保护

一、传统村落文化景观构成要素

传统村落文化景观的构成要素，分为自然类和人文类两种，其中人文类文化景观中的要素可进一步分为物质要素及非物质要素。因此，该部分将传统村落文化景观构成要素分为三部分——自然景观中的要素、人文景观中的物质文化要素和人文景观中的非物质文化要素。

（一）自然景观中的要素

1. 地形地貌

地形地貌影响了村落的选址和布局。其是传统村落聚居发展的决定性条件之一。我国幅员辽阔，地形十分复杂，地貌环境复杂多样。这塑造了各种各样的村落形态，是传统村落文化景观发展的基础要素。

2. 气候

气候包括日照、降雨、温度、湿度、风向等。我国横跨热带、亚热带、暖温带、温带、寒温带五大气候带，气候类型复杂多样，这直接影响了传统村落的建筑形式、空间布局和居民的生产与生活方式。

3. 水文

对传统村落而言，水文既是农业生产的命脉，又是生态文化的基础。湖泊、河流、沼泽、冰川等不同的水文条件及特征，决定了传统村落的生态特征，是传统村落文化景观格局中重要的组成部分。

4. 生物物种

与动物相关的畜牧业和与植物相关的种植业，都影响着传统村落的生产与生活方式。保护村落生态样本，保持生物物种的多样性和平衡性，对传统村落人居环境的和谐发展而言有重要意义。

（二）人文景观中的物质文化要素

1. 道路

道路是传统村落的骨架，不仅能够组织交通，而且能够连接不同的景观斑块，使之成为景观廊道，甚至部分道路还承担着景观展示的作用。因此，根据功能的不同，道路既包括生产和生活用的交通道路，也包括发挥展示作用的景观道路和文化道路。

2. 建筑

建筑是传统村落文化景观中最重要的组成部分之一。其按功能可以分为生活建筑、生产建筑和公共建筑。这些建筑是传统村落村民如今赖以生存的工具，部分甚至既是文化景观本身，也是文化景观的传承载体。

3. 构筑物

构筑物是传统村落中的村民出于祭祀、审美或其他需求而留下来的产物，记载了大量的历史文化信息。构筑物大部分简易且无主，在村落的变迁过程中受人类活动的影响很大，自身发展变化很快。

（三）人文景观中的非物质文化要素

1. 传统工艺

传统工艺是在传统村落长期的历史发展中形成的，与当地的生产生活方式密切相关，在一定程度上表现出具有地域性的审美特性。传统工艺受到民族、文化和地域因素的影响，往往表现出较大的差异性和独特性，是传统村落文化景观的重要组成部分。

2. 民俗

民俗是"一个民族或社会群体在长期生产实践和社会生活中，逐渐形成并世代相传、较为稳定的文化事项"。我国是一个多民族国家，因民族、环境、经济等不同而表现出较大的民族性和区域性差异，这对于传统村落的发展和村民的价值观念等产生了极大的影响。

3. 宗教信仰

宗教信仰是人类社会发展到一定阶段的意识形态产物。我国传统村落中村民的信仰因地而异，包括祖先崇拜、自然物和人造物崇拜、鬼神崇拜及行业神崇拜等。

二、传统村落文化景观保护内容

传统村落文化景观的构成要素非常丰富，不同的要素需要不同的保护方式。此外，文化景观作为多要素的集合，还具有单一要素所不具有的属性。人们在保护内容中要强化这些特征，包括原真性、整体性、差异性和延续性。

（一）传统村落文化景观的原真性

传统村落承载着大量的历史信息，原真性便依托于历史环境、地域特色、民族文化和传统思想等要素，受时间和空间的影响，持续动态地发展。因此，原真性既无法用统一的概念来描述，也无法用统一的标准来衡量。但是，其又确确实实地体现在传统村落的形式与材料、功能与技术中，是保护传统村落的重要评价依据。

随着生产力的不断发展，传统村落面临着现代文明的冲击和人员变迁的影响。外来投资、工业化、旅游开发等活动，让大量的非本土商品和外来文化进入村落中；外来务工人员和旅游者的进入、本地村民的流出与回流，都加速了新旧文化的融合。传统村落呈现出文化异化的趋势，为迎合大众口味，肆意增减、改造传统元素，胡乱使用现代的材质和样式等行为，破坏了文化的原生态，进而破坏了村落的原真性。

在传统村落原真性的保护方式上，国内外的理解也有所差异，中国人更偏爱"原状"的真实，而不是体现历史变迁的真实"原状"，追求"破镜重圆"，对遗迹进行修复和重建。过分强调文化景观的物质真实性，就会忽视其文化真实性。而一味地追求恢复历史原状、崇古薄今，在一定程度上也会反映出我国对当代文化的不自信。

因此，要保护传统村落的原真性，就应该保留一定比例和数量的文化景观。在进行积极维修的同时，应尽量避免人工干预，以保留历史文化氛围，保证信息的真实完整。此外，保护措施不能局限于物质空间层面，还要拓展到传统文化和社会结构层面，增强村民对原真性文化的归属感和认同感，让传统村落文化景观能够稳定地传承下去。

（二）传统村落文化景观的整体性

传统村落中的每一处文化景观，都是记载历史信息的物质实体，而全部文化景观形成的整体，才真实地体现着历史的文化氛围。如村民收割粮食前举行的祭祀庆典，种植粮食时修建的梯田水塘，出于防火、通风、采光的需求诞生的建筑艺术等。若没有整体的文化背景做支撑，景观都只是空洞的形式。由此可见，传统村落文化景观和村民的生活息息相关，如果将保护范围局限于历史遗迹本体，忽视村落的物质空间和山水环境的协调建设，忽视村落的传统习俗和社会结构的和谐统一，那么文化景观将沦为失去生命的标本，文化风貌也难以为继。

传统村落文化景观的整体性不仅体现在文化上，而且体现在生态上。传统的农业生产方式顺应自然，崇尚天人合一的哲学理念。如村落在选址时靠山面水，这既有利于阻挡冬季寒风，获得良好光照，又便于农作物的灌溉和土地的水源涵养；南方采用桑基鱼塘和桑基圩田模式，结合蚕桑养殖与鱼塘养殖或农田种植，形成"桑茂、蚕壮、鱼肥大，塘肥、基好、蚕茧多"的循环生态模式等。这类文化景观由完整的生态格局组合而成，保护的核心在于尊重整体的生态结构，在祖先的智慧上进行发扬。我国珠江三角洲地区的新型桑基鱼塘，沿用了传统生产模式，引进了现代生产技术，挖深鱼塘，垫高基田，塘基植桑，塘内养鱼，这些形成了完整的能量流系统。其既促进了种桑、养蚕及养鱼的发展，又带动了缫丝等加工业的发展，成为完整的人工生态系统，在村落中形成新的文化景观风貌。

在保护传统村落文化景观时，人们容易过度强调局部空间的形态或局部功能的发展，而忽视对整体的把握。因此，人们应重视传统村落的整体格局，注重经济效益与环境效益的双向平衡，如此才能保护好文化景观的整体性。

（三）传统村落文化景观的差异性

我国幅员辽阔，自然特征多样，民族文化丰富。地域和民族的差异，经过千百年的文化积淀，形成了独特的文化风貌和景观特征，赋予了不同的传统村落文化景观浓郁的地方风情和乡土特色。即使地缘相近或民族相同，在不同的村落中，宗族的传承脉络也千差万别。

传统村落文化景观的差异性特征具有独特的魅力，这增强了传统村落的识别性和吸引力。人们难以用统一的模式对各种差异进行保护。所以对不同性质和类别的文化景观，人们应当尊重文化特色，赋予其独特的保护理念，采用独特的保护方法。

例如，黑龙江漠河县的北极村，以优美的自然风光和极地特征著称，在村落保护中，人们应当强调人居环境的重要性，在保护方法上以风貌修缮为主，改善农家的休闲娱乐功能，从而营造宜人的生活和观光氛围；青海坎同仁县的吾屯村，以热贡文化中的唐卡工艺闻名，在村落保护中，人们应当以艺术和技艺的传承为核心，结合唐卡工艺与现代手工艺，建设充满活力的文化生产线，提升村民的积极性，从而摆脱文化传承的困境；江苏苏州的树山村，盛产优质的杨梅、茶叶和翠冠梨等农副产品，在村落保护中，人们应当加强对农业生产资源的投入，充分利用村落的资源禀赋和区位条件，利用健康的生活理念和优质的农副产品来吸引投资，从而形成规模化生产，打造村落特色。

（四）传统村落文化景观的延续性

文化景观以物质空间的形态存在，但同时具有从过去到现在的积累性和从现在到未来的创造性，是时空二维的结合体。传统村落历史悠久，早期人类对物质和精神的追求随着发展不断被赋予文化的意义，进而留存下来成为如今的文化景观。以前，传统村落比较封闭，文化变迁很少会受到外部影响，发展脉络平缓且稳定。村落的文化景观产生于传统的生产生活中，且被人类不断地改造，既是认知历史的窗口，也是记录自身的资料，还是留给后代的财富。

近年来，传统村落逐步开放，融入城乡协同发展的大背景中，不可避免地会受到外来文化的影响。因此，人们必须在文化交融的浪潮中，正确地引导传统村落的文化景观的建设，如此才能够将传统顺利地延续下去。

保护传统村落文化景观的延续性，重点在于保持传统村落的场所精神。村落中原生态的节点和环境，是传统文化孕育的摇篮。留住村落的文化脉络和生活情景，才能引起人们对文化的共鸣，从而使传统文化有一个充满活力的生存环境。但是，这种保留必须杜绝"博物馆标本"的保存方法，在发展的眼光中进行活态的传承。无论是对传统村落文化景观的整体性保护，还是对建筑、院落、道路等要素的分层级保护，人们都不能局限于现状，而应该充分地挖掘资源的价值，对其进行合理的开发利用，从而激发公众参与的热情，实现在发展过程中对文化景观的延续。

三、传统村落文化景观保护思路

党的十八大报告提出"五位一体"的总体布局，本书也从经济、生态、文化、社会和政治这五个角度，概括对传统村落文化景观进行保护的思路——经济活化、品质提升、文化自觉、社会监督和法律保护。

（一）适度合理经济利用

适度合理的经济利用是保护传统村落文化景观的重要动力。在过去几十年的快速城镇化的过程中，许多传统村落采用粗放的发展模式，凭借资源优势和价值禀赋参与市场竞争，结果因为过度追求经济利益而导致传统村落的解体。因此，我国现存的传统村落大量分布在发展较落后的贫困地区，其农业现代化不足，产业结构单一，劳动力大量流失。据住建部2013年对全国传统村落的摸底调查显示，我国传统村落的贫困人口比例高出全国平均水平约7个百分点。

经济落后给传统村落文化景观的保护带来了多方面的不利影响。第一，落后的经济水平制约了传统村落对物质遗产的保护修缮，导致村落文化景观的整体品质下降；第二，劳动力的流失导致传统文化缺乏继承，非物质文化遗产后继无人，而且没有充足的传承人基数，这导致技艺的传承效果变差。生活品质的降低，文化价值的消失，导致了人们生活窘迫，文化自信缺乏，保护意识薄弱。

因此，要想改变传统村落文化景观保护的现状，就需要人们活化经济，对资源进行合理开发，为传统村落提供充足的物质保障，为文化景观的保护提供基础支撑。我国的传统农业生产生活方式是小农经济模式，经济活化的核心在于借助技术的进步，优化产业，实现产业升级。同时还要拓宽传统的农、林、牧、副、渔等生产领域，发展加工业、生物能业等其他相关产业，还要打破原有的生产模式，引入工业、旅游服务业等生产经营活动，通过经济发展，实现对传统村落文化景观的保护。

（二）改善提升景观品质

改善提升景观品质是保护传统村落文化景观的重要途径。传统村落一方面因工业化模式粗放、环保硬件设施不合格、村民生活习惯落后等原因，生态环境遭到严重破坏；另一方面因基础设施不完善、村民生活条件落后等原因，生活品质得不到保障。

生态环境被破坏，村落就会缺少外在吸引力，就会失去企业投资和旅游发展的机会，最终导致其发展动力不足；生活品质下降，村落就会缺少内在凝聚力，村民就会离开村落去寻求更高的生活品质，进而村落就难以支撑企业的发展和游客的入驻,最终导致传统村落发展受限。因此,要做到对传统村落的有效保护,人们就需要提升传统村落文化景观的品质,包括对村落的自然环境和生活环境的改善。改善自然环境需要进行生态保育和污染治理;改善生活环境需要改善基础服务设施和居民生活条件。

生态保育和污染治理要从自然环境入手,根据传统村落的资源状况,制定生态环境保育发展战略,确定合理的发展目标,适当开发当地资源,优化能源利用结构。同时,人们还需要评估战略的环境影响,构建污染治理体系,加大治污力度,在生态保护的框架下寻求新的发展途径。

改善基础服务设施和居民生活条件要从人居环境入手,加大对村落公共服务的投入力度,缩小城乡公共资源分配的差距。大力发展传统村落的科教文卫事业,提高村民的文化素质与致富能力,为经济发展提供人才保障。同时,我们还要用新科技和新理念保护村落的物质文化遗产,改善人居环境,重视村庄建设,优化居住条件,协调村落风貌,提高传统村落的整体品质。

(三)实现民族文化自觉

实现民族文化自觉是保护传统村落文化景观的重要途径。传统文化是传统村落的精神基础,也是传统村落文化景观的核心、灵魂。但在现代化和工业化的冲击下,传统文化的延续面临着极大的困境。只有重塑文化自信,才能提高传统文化的地位,实现民族文化的存续,进而保护传统村落的文化景观。

第一,文化自觉需要重新认识传统文化,在进行判断和甄别后,对陋习进行剔除,保留优秀的文化精髓。如在一些相信往生的地区,村民在世时会修建豪华的活人墓,还有祭祀活人的习俗等,这种不合理的文化如今应当摒弃。

第二,文化自觉需要深度挖掘传统文化中的内涵,加强文化创新工作,因地制宜,因时制宜地将时代元素与传统文化结合起来。活态发展传统文化就要打破传统与现代的壁垒,才能增强文化的生命力和竞争力,吸引更多的年轻一代关注传统文化。

第三,对传统文化进行开发利用,需要厘清经济利益和文化资源之间的关系。开发传统村落的文化资源是为了更好地传承和发扬传统文化,而不仅仅是为了追求更高的经济效益。为防止本末倒置,人们必须明确保护框架和利用原则,在框架内和原则下对传统文化进行开发利用,避免对传统文化的掠夺式开发,保护文化的原真性,从而实现对文化的真正传承。

(四)加大社会监督力度

加大社会监督力度是保护传统村落文化景观的重要保障。传统村落不仅是村民的财富,而且是全人类的财富。全社会都有义务对传统村落的文化景观进行监督保护,保护文化遗产既不会因为发展不足而被淘汰,也不会因为人们的过度开发而遭到破坏。社会监督包括村民自治和舆论关注两方面的内容,二者内外结合,相辅相成,在社会层面保障了传统村落文化景观的健康发展。

在传统村落内部,村民是保护文化景观的重要力量,也是传承传统文化的核心主体。村民自治能够最大限度地激发村民积极性,保留村落的原真性。我国目前很多村落都采用村民自治模式,这就需要政府进一步健全村民自治制度,规范村民自治行为。同时,政府还需要加强政务公开,推进信访制度改革,形成与村民的良性互动,确保村民正确行使管理权和决策权,同时推进传统村落文化景观的保护工作。

在传统村落外部,社会舆论关注也是保护工作的重要保障。高校和科研单位等研究机构可以通过合作成立保护小组,根据地域文化差异,因地制宜地设立保护组织,对文化景观进行集中研究和特殊保护;媒体记者可以通过跟踪报道濒危的传统村落,从而引发社会关注,组织社会成员进行援助,还可以借助新媒体平台,向青年一代普及传统文化的相关知识,弘扬民族文化自信;政府可以建立公共平台,在社会上筹集保护资金,协助投资村落,修缮遗产,培养传承人,从而保障传统村落文化景观的保护工作有序开展。

(五)纳入相关法律保护

纳入相关法律保护是保护传统村落文化景观的重要保障。社会监督属于软性的保护方式,而法律保护虽然很难做到对文化景观的各个方面进行全覆盖式的保护,但是其硬性要求可以在很大程度上弥补社会监督的不足,用强制性的法律条文明确传统村落文化景观的保护底线。我国目前与传统村落文化景观保护相关的法律有《中华人民共和国城乡规划法》《中华人民共和国文物保护法》《中华人民共和国非物质文化遗产法》等。然而这些法律条文所针对的主体都有其明确的指向性,只是其中的一部分或多或少地与传统村落文化景观有关联,并不能形成全方位的覆盖保障。因此,相关部门需要在法律条文中纳入专属于传统村落文化景观的部分,以增强法律保护的硬性约束。

法律保护的实施主体是政府。一方面,政府需要通过立法制定相应的保护条文,加大执法力度,用法律手段对破坏者进行处罚,增强人们保护文化景观的法制意识,使村民和游客都能树立起科学的保护观念。另一方面,政府应当颁布传统村落规划与发展的技术规范,对企业及规划设计行业的行为进行合理制约与引导,提升规划在传统村落发展中的地位,在法律监督下科学有效地保护传统村落的文化景观。

四、传统村落文化景观保护措施

保护传统村落文化景观的根本，在于建立起完善的保障体系，通过评价、利用、预警、责任、合作五大系统的配合，从规划设计到利用实践、从社会个人到政府机构、从地方保护到国际参与，动员社会各界力量来协力推动传统村落文化景观的保护工作。

（一）建立传统村落文化景观评价保护体系

保护传统村落文化景观的工作不是一蹴而就的，其需要人们在长期实践过程中，逐步推进。因此，人们需要统筹安排，把资金、技术等率先用到亟须保护或意义重大的文化景观上，然后逐步推进，由点及面地辐射带动传统村落文化景观的全盘保护。所以建立传统村落文化景观评价保护体系，有利于保护工作的有序展开。

建立评价保护体系需要确定文化景观的保护优先级，因此合理的分类方法和指标体系是必不可少的。首先，在分类体系中，文化景观可以分为遗产型景观和特色型景观，前者侧重保护，后者在保护的前提下，可以有多种形式的利用。其次，在评价体系中，物质文化景观的保护主要参考完整性、美观度、保存真实性、文化价值以及保护紧急程度等因素；非物质文化景观的保护主要参考其历史意义、文化影响以及生活真实性等因素。最后，人们根据评价结果，分类定级，合理划定核心、保护内容、重点保护内容等，从而为传统村落文化景观的保护打下基础，以便在将来的保护中可以层层递进、有的放矢。

（二）改善传统村落文化景观发展利用方法

2013 年，住建部发布《关于印发传统村落保护发展规划编制基本要求（试行）》的通知。其在传统村落保护规划要求中，明确提出发展规划图应包括可能的旅游线路组织等内容。

因此，传统村落文化景观的保护既要避免过度追求经济价值，也要防止过度保护。这就需要人们制定文化景观的利用制度，改善文化景观的利用方法，保障文化景观的合理开发。所以在保护规划中，人们需要结合评价保护的结果，重新界定保护区边界。在核心区中应以保护为主，尊重原始文化，避免建设行为破坏村落风貌，防止商业活动影响原住民的日常生活。在缓冲区中应协调保护开发，使村落的更新能满足历史和环境要求，从而延续村落整体风貌的特征。同时，在物质层面，政府应通过适当补贴或者提供政策优惠，来鼓励村民自发维护修缮村落的建筑、设施等，提高村民保护的自觉性；在精神层面，政府应加强宣传教育，提高村民的保护意识，建立完整的宣传教育体系。

（三）强化传统村落文化景观濒危预警机制

我国传统村落分布范围广，文化景观因自然因素和人为因素的影响，很容易遭到破坏。设立濒危预警机制能有效地规避风险，避免灾害的发生或将损失降到最低。

物质文化景观面临自然损害和人为损害的风险，如地震、泥石流等自然灾害，或大量游客涌入触摸踩踏文化景观内的设施，使其遭到破坏。此外，过度商业化等行为也会对物质文化景观的观赏性和文化性造成间接影响。文化景观中的非物质遗产面临的风险更加复杂，如村民外迁导致本地传承人数量减少、外来文化侵入和本地文化淡化等问题相继出现。

文化景观濒危预警机制应针对不同类型的文化景观，做出符合实际的风险评估，对风险行为进行干涉，针对可能出现的后果提出相应的保护对策。

（四）明确传统村落文化景观相关责任归属

保护传统村落文化景观，必须明确各利益主体需要承担的责任和履行的义务。明确保护的责任归属，对村民、政府以及社会公众提出相应的行为要求，对于传统村落文化景观的保护具有重要意义。

首先，对村民而言，传统村落文化景观具有公共性和个人性的双重属性。即使居民出于自身需求，对村落中拥有所有权的文化景观进行拆建，也会受到国家必要的行政干预。村民有责任保护村落中的民居等文化景观。其次，对政府而言，应加强传统村落文化景观保护的立法工作，依法维护公共利益，对损害文化景观的行为进行干涉。最后，对社会公众而言，文化景观的保护使文化得以传承，如此全社会都会受益。因此，公众应通过投资、旅游、捐赠等行为，给予村落一定的补偿，提高村民的保护热情，减轻政府的保护压力。同时，村民还需要约束并规范自身的行为，避免对传统村落文化景观造成直接的破坏。

（五）加强传统村落文化景观保护多方合作

文化景观是文化的载体，在文化传承过程中，起至关重要的作用。保护文化景观，不仅是地方的工作，也是每个社会成员义不容辞的责任。因此，保护工作需要多方参与，既要强调政府间的合作，也要加强与国外组织和科研单位的联系。相关部门可以通过交流保护心得，发动各方的力量，共同保护好传统村落的文化景观。综上所述，保护传统村落的文化景观是一项复杂而又艰巨的工作，需要建立起完善的保护制度。相关部门及人员应从评价、利用、预警、责任、合作这五点出发，层层推进，针对不同传统村落，构建符合地方特色的保护体系。应将保护与利用结合起来，完善文化景观保护途径，在实践过程中争取最大限度地保护传统村落文化景观。

第二节 传统村落文化旅游发展

一、传统村落文化旅游价值评价

（一）传统村落文化旅游价值评价意义

在《中国传统村落》一书中，周建明教授提出："传统村落的外生增长模式，不但不能稳定农村经济，还会对传统村落原有的生产方式、生活方式、文化习俗、建筑形式、村落格局和整体历史风貌产生持续的影响和破坏。"因此，传统村落更加适合依靠自身优势进行内聚发展。

我国传统村落数量大、类型多、分布广，保护与利用的条件千差万别。周建明教授根据传统村落发展的动力机制，结合村落的特殊性和发展原则，从产业类型、区位优势、资源优势、技术优势四个方面，提出六类传统村落发展模式：市场依托型、技术支持型、特色产业型、养老休闲型、旅游利用型和文化创意型。

由此可见，传统村落根据自身的资源禀赋和产业优势，在发展模式上有极其广阔的选择空间。传统村落进行文化旅游发展，需要有潜力的第三产业和高价值的旅游资源作为支撑。因此，旅游资源价值评价成为传统村落文化旅游发展的准入门槛，具有高价值旅游资源的传统村落先天占有优势，适合发展与旅游相关的产业。

（二）传统村落的文化旅游资源特征

传统村落的文化旅游资源既有和其他文化旅游资源相似的共性特征，如多样性、观赏性、区域性、垄断性、季节性等，也有代表传统村落独特性的特征，如可参与性、不可复制性、定向性、延续性等。

传统村落远离城市，有着优美的自然风光，但更重要的旅游吸引力还是村落的特色文化。许多民俗文化资源，如民族歌舞表演、民族节庆活动等，都可以让游客参与其中进行体验，而这种特征对异质文化的旅游者来说有着较大的吸引力。因此，可参与性是传统村落文化旅游资源的一个重要特征，增加村落旅游项目的可参与性是利用该特征的有效手段。

传统村落的文化旅游资源，无论是物质空间层面的还是精神文化层面的，都传承于历史发展，带有强烈的村落文化烙印。只有在特定的旅游情境里，游客才能够参与并体会传统村落的文化特质。因此，不可复制性是传统村落文化旅游资源的一个重要特征，强化村落文化的可识别性是突出该特征的有效手段。

传统村落最大的特色在于历史和文化的长期传承，这种传承可能对某些旅游者吸引力颇大，对另一些旅游者却无多大吸引力，甚至根本没有吸引力。与风景名胜的观光游览或度假区的休闲娱乐不同，传统村落吸引的是具有特定文化归属感的目标人群。因此，定向性是传统村落旅游资源的一个重要特征，突出村落文化的真实性是利用该资源特征的有效手段。

与一些固态的旅游资源不同，传统村落一直在发展，属于活态的文化旅游资源。十年前的传统村落与十年后的村落相比，无论是在文化辨识上还是在村落风貌上，都有了很大的不同。因此，延续性是传统村落文化旅游资源的一个重要特征，保留村落的可持续发展性是利用该资源特征的有效手段。

因此，发展传统村落的文化旅游，要增强其可参与性，强化文化的可识别性，突出文化的真实性和保留村落的可持续发展性。不难看出，这些特性和文化景观的保护内容——原真性、整体性、差异性和延续性，有许多共通之处。因此，传统村落的旅游发展和文化景观保护，从来都不是割裂的单体。在保护和发展的过程中，人们应将二者结合起来，通过文化旅游来实现对传统村落的保护与其自身发展。

（三）旅游资源的分类与评价标准

旅游资源价值评价是传统村落文化旅游发展的准入门槛，评价标准应当参考国家旅游局（现文化和旅游部）2003年颁布的《旅游资源分类、调查与评价》（以下简称"《标准》"）。《标准》包括旅游资源分类、旅游资源调查和旅游资源评价三个部分。在分类中，依据旅游资源的性状，其分为8个主类、31个亚类和155个基本类型，分类翔实。评价部分依据"旅游资源共有因子综合评价系统"赋分，设"评价项目"和"评价因子"两个档次，评价项目为"资源要素价值""资源影响力"和"附加值"三项，每个项目中有数量不等的评价因子。《标准》的优点在于分类科学，保留增长的空间。评价简化了加权方式，提前将权重赋值到因子，有完善的分类类别及科学的评分级别。但是，将《标准》应用于传统村落的旅游价值评价中，人们仍然需要在技术上进行改进。

第一，《标准》针对旅游资源单体的规模、丰富度及价值品位高低等要素进行评价，通过综合考虑旅游资源单体的种类、数量和价值，判断区域的旅游发展潜力。因此《标准》侧重对"旅游资源单体"的考察，缺乏对"旅游资源整体"的通盘把握。而对传统村落而言，单个的资源价值或许不高，但资源群所构成的整体，可能具有相当高的旅游开发价值。因此，该评价体系难以反映传统村落的整体旅游资源价值，需要引入资源群的评价概念。

第二，传统村落包含大量的人文类旅游资源，旅游价值可能远远超过村落中物质空间的价值，而在非物质文化资源方面的评价有所欠缺。

（四）传统村落旅游价值评价

《标准》评价旅游资源具有普适性的优点，然而传统村落是一种特殊类型的旅游资源，普适性在此处恰恰成为缺乏针对性的短板。因此，对传统村落旅游价值的评价，需要在《标准》的基础上进行补充完善，从而建立起适合传统村落的评价体系。

第一，2012年住建部等四个部门联合下发《传统村落评价认定指标体系（试行）》，三批《中国传统村落名录》中登记的传统村落都被评价过，内容包括村落中的传统建筑、选址和格局以及承载的非物质文化遗产三项，档案非常翔实。指标体系中的要素可以作为传统村落旅游价值评价的参考，能够极大地减少评价工作量。

在国家的《旅游资源分类、调查与评价》和《传统村落评价认定指标体系（试行）》的基础上，相关部门要进一步完善旅游资源的分类系统，按需增加传统村落中的特色复合型旅游资源群，如宗族旅游资源群、农业旅游资源群等。

鉴于传统村落中非物质文化遗产的特殊性和重要性，在评价因子的权重赋值上，人们应当尽量偏重于人文资源，重视资源的历史文化价值、艺术观赏价值和科学考察价值。

传统村落旅游资源价值的评价目的在于发展旅游，进而对资源实施开发性保护。

因此，在评价过程中，人们要充分考虑资源的开发条件，以及其能够带来的经济效益、文化效益和环境效益。所以，在评价因子的分类中，要增添旅游开发成本类，加入传统村落的地理位置和交通、景区旅游容量、客源市场和投资风险等要素，使之参与综合的评定。

二、传统村落文化旅游利用模式

（一）以西递村为代表的村民集体经营模式

传统村落文化旅游开发中的村民集体经营模式，以村民个体或村集体为主体，自筹资金发展传统村落的文化旅游。安徽黟县的西递村、浙江金华的诸葛八卦村、陕西韩城的党家村等村落早期就采用该经营方式。

在该模式下，传统村落的所有权和经营权是统一的，归集体和村民所有。村落中的民居属于村民的私有财产，土地属于村民的集体资产，将村落的经营活动和使用功能结合在一起，在一定程度上缓解了使用与经营的矛盾。

早期安徽黟县西递村在进行文化旅游开发时，经营的主体是村办集体企业西递旅游公司，其全权负责村落的旅游经营活动，原始投资人及唯一的股东都是西递村委会，公司独立，实行企业化经营。但是，在追求文化旅游开发的经济效益时，其会忽视传统产业的发展，这导致遗产地的生活气息越来越商业化。而且，村民对村落的文化旅游发展缺乏规划，对遗产也缺少相应的修缮意识，这导致传统村落出现文化旅游发展后劲不足、遗产保护不到位等问题。

这种模式适合民间资本力量强大的传统村落。从旅游开发的结果来看，其短期内能大幅增加村民收入，但对村落文化旅游资源的开发档次较低，文化旅游产品吸引力和文化旅游发展后劲不足，对村落的文化遗产难以形成有效的保护机制。

（二）以李坑村为代表的个人承包经营模式

传统村落旅游开发中的个人承包经营模式，由个体承包人与村委会签订合同，个体承包人获得部分的短期经营权，并定期向村委会支付承包金。江西婺源的李坑村等村落早期就采用该经营方式。

在该模式下，传统村落的所有权和经营权分离，由承包人负责经营。在一般情况下，承包人追求短期的经济效益，不会对村落进行大规模的开发，这使其造成的建设性破坏较小，但同样在遗产保护方面也不会有太多投入。

早期江西婺源的李坑村在进行旅游开发时，由于资金短缺，村委会和村民个体无法从事大规模的建设活动，于是提出"政府主导，放手民营，入股开发"的策略，将村落中的非文保单位承包给个人进行旅游开发。但是，投资者规模小且分散，对民居建筑和环境道路只能在小范围内进行整治，没有大规模的产品营销活动，这很难形成品牌效应。虽然在开发过程中其不会受到过多干预，但整体开发水平层次低、重复性高，开发项目以景点为主，与村民的联系互动少，缺乏公众参与和村民支持。

这种模式适合民间资本力量薄弱、旅游资源分散的传统村落。从旅游开发的结果来看，对村落的干扰小，能给村落带来少量的旅游收益。但开发规模小、水平低，对资源缺乏整合，没有有效的规划管理，旅游效益局限于门票收入，与当地村民互动少，限制了村落的经济发展。

（三）以宏村为代表的企业租赁经营模式

传统村落文化旅游开发中的企业租赁经营模式，由企业在租赁期内，垄断传统村落的开发经营活动，受益与村民分成。安徽黟县的宏村、福建闽清的新壶村等村落早期就采用该经营方式。

在该模式下，传统村落的所有权和经营权分离，由企业负责经营。企业对传统村落的投资规模大，实行企业化管理，在效益产出方面有得天独厚的优势。

早期安徽黟县的宏村在进行旅游开发时，开创了旅游经营权转让企业的先河。1998年中坤旅游集团成立京黟旅游开发总公司，租赁了宏村三十年的经营权，以现代化旅游管理模式介入村落的文化旅游发展。政府拥有管理权，负责协调村民和企业的关系。在保护方面，企业提供保护经费，由政府采取保护措施；在开发方面，当开放牵涉村民利益时，政府各级部门出面沟通，避免开发商与村民发生矛盾。但权利的分离会导致弱势群体的利益受损。当以市场开发为主导时，村民的生活会受到影响；当以文化遗产保护为主导时，企业开发也会受到影响。政府作为协调者，必须明晰权利边界，建立合理的补偿机制。

这种模式适合文化旅游资源条件优异的传统村落。从旅游开发的结果来看，企业具有雄厚的资金实力、丰富的营销手段和先进的管理经验，能够保障传统村落文化旅游开发的资金投入、效益收入和经营管理。但所有权、经营权和管理权过于分散，各利益主体在效益分配和责任维护之间，往往会形成尖锐的矛盾。此外，企业项目的介入会挤占村民的生活空间，让村落失去生活气息，成为丧失原真性的旅游景区。

（四）以郭洞村为代表的政府投资经营模式

传统村落文化旅游开发中的政府投资经营模式，由政府部门兼经营主体和管理主体，政府中的文化旅游、文物、建设、环保等相关职能部门成立下属单位，成为政府的执行机构，负责管理传统村落的文化旅游发展。安徽黄山的呈坎村、浙江金华的郭洞村等村落早期就采用该经营方式。

在该模式下，传统村落的经营权和管理权统一，归地方政府所有。政府用村落文化旅游开发的收益反哺村落，注重经济效益与社会效益的统一，有利于资源与环境的保护。

早期浙江金华的郭洞村在进行旅游开发时，由县旅游局成立管委会进行管理，用部分旅游收入给村集体提供经济补偿。但出于保护的考虑，国家对传统村落的开发限制较多，国内关于传统村落的投资也比较保守。因此，政府投资的旅游项目和宣传策划较少，资金集中用在对村落的基础设施和公共物品进行更新上。同时，传统村落内部的旅游、文物、建设、环保等项目分属不同主管部门，管理主体经常发生变化，职责划分不明，很难形成统一的管理体制，这导致政府投资经营的效果不太理想。

这种模式适合政府调控能力强、村落保护要求高的传统村落。从旅游开发的结果来看，其兼顾了保护与开发的协调，社会效益突出，文物保护成效明显。但政府资金有限，限制了文化旅游发展。而且政府作为非专业营利的部门，很难帮助传统村落在文化旅游市场中做大做强，形成竞争优势。

（五）传统村落PPP旅游利用经营模式趋势

综上所述，不同的旅游利用模式各有优劣，在旅游发展的起步阶段，适合不同本底条件的传统村落。

在村民集体经营模式中，村民直接参与村落的文化旅游发展，村民收益高，村落整体的经济效益高。但由于开发主体自身的局限，其后期会出现资金短缺、规模小、缺乏全局统筹，文化遗产保护力度不足等弊端，这限制了传统村落文化旅游的可持续发展。

在个人承包经营模式中，村落的所有权和经营权初步分离，承包人通过低强度开发，实现个人和村民的创收，但非专业化经营很难参与市场竞争，个体经营者容易盲从市场需求，这造成村落文化旅游产业结构不合理，散点式的发展缺乏全局保护，村落文化遗产的保护工作难以取得成效。

在企业租赁经营模式中，企业凭借资金和管理的优势，提供专业化的旅游开发，大幅度提升村落的整体品质，但权力过度分散，增加了利益主体间的沟通成本，造成效益和责任之间的种种矛盾，不利于村落文化旅游的进一步发展。

在政府投资经营模式中，其经营与管理相统一，但对政府多部门的权力界限和政民互动有很高的要求。政府既参赛又做裁判会导致权力的行使受阻，从而也很难对村落进行全面的保护。

在原先的旅游利用模式下，传统村落的发展会遇到瓶颈，需要重新处理各个利益主体之间的关系，采用PPP（Public-Private-Partnership）旅游利用模式，可以扬长避短，促进传统村落积极转型。在该模式下，村民、政府、企业三者是传统村落文化旅游开发中的核心、利益主体，通过签署合同明确三方的权利和义务，在之后的保护发展过程中，明确界限，共同推进，从而实现各主体间的互补。

村民处于村落文化旅游发展的第一线。政府和企业是村民行为的重要推力，可以通过公众教育、社会宣传和利益驱动等手段，提高村民的保护意识，增强村民的发展主动性，鼓励社区参与，使村民成为旅游者和传统村落政企间衔接的纽带。政府在村落更新、人口管控、旅游规划、利益分配等行为中提供政策保障，企业在资金投入、资源开发、完善设施、宣传策划等行为中提供技术支持。在三大核心主体外，游客、公众、专家等以外部力量的形式，为传统村落的旅游发展提供监督、指导和保障措施。PPP旅游利用模式，需要各主体相互配合、共同推进，如此才能实现最终的多方共赢。

三、传统村落文化旅游功能培育

（一）传统村落的观光游览功能

原始的自然风光和淳朴的生活气息是传统村落吸引游客的重要因素之一。因此，传统村落的观光游览应当作为一项重要功能进行培育。

风景观赏是传统村落观光游览可发展的旅游功能之一。优美的风景是大多数旅游目的地的重要吸引物，游客可以通过欣赏村落自然风光放松心情、增长见识。培育这一功能需要相关人员对传统村落的肌理、建筑和周边生态环境等进行改善，提升第三产业的质量，从而营造出良好的旅游氛围和与之相匹配的优质服务产业。

野外探险是传统村落观光游览可发展的旅游功能之一。传统村落往往远离城市，有着高山、森林、河流等丰富的自然地貌特征，具有作为野外探险基地的区位优势。在旅游放松之余，越来越多的游客开始对登山、露营、漂流等探险活动充满兴趣。培育这一功能需要相关人员和对传统村落进行设备、人力、教育方面的投入，对探险环境进行合理的投资与规划。

养老休闲是传统村落观光游览可发展的旅游功能之一。随着我国社会老龄化的显现、人民生活水平的提高，未来的养老模式将从家庭养老转变为社区养老。不同于城市的喧嚣吵闹，传统村落是一片远离污染的净土，自身条件非常适合建立集养老、医疗、生活、娱乐等功能于一体的大型服务社区。培育这一功能需要建立完善的养老社区，吸引养老服务人才，在为城市和乡村的老人提供服务的同时，还要考虑探亲者或旅游者的接待、休养需求。

（二）传统村落的人文体验功能

传统村落中的人文资源十分丰富，这也是吸引游客的一个重要因素。因此，传统村落的人文体验应当作为一项重要功能进行培育。农家体验是传统村落人文体验可发展的旅游功能之一。

以传统村落为旅游目的地的游客，通常都希望能深度参与并体验当地的民俗、饮食、起居等，全面融入、了解、感受村落的文化特色。要培育这一功能，相关部门需要向村民提供资金帮助和技术指导，改善村落的特色风貌和基础服务设施，展示传统习俗和节庆活动中的精华，从而打造完整的农家旅游服务产业链。

文化教育是传统村落人文体验可发展的旅游功能之一。在宗教圣地附近，传统村落可以发展禅修文化旅游；在产茶地附近，传统村落可以发展茶道文化旅游；在革命遗址附近，传统村落可以发展红色文化旅游等。要培育这一功能，相关部门需要突出村落的文化特征，加大对特定旅游群体的吸引力，通过合理的规划设计寓教于游，结合丰富的教育手段吸引旅游者。

（三）传统村落的接待服务功能

接待服务是传统村落观光旅游和人文体验活动的支撑，保障传统村落两大功能健康有序发展，必须不断地完善和强化接待服务功能。

在观光游览方面，接待服务功能主要是对旅游者的接待和导引。相关部门需要规划合理的旅游线路，设计优秀的旅游项目，先满足游客"吃、住、行、游、购、娱"的基本需求，然后进一步提高游客的游览品质，打造观光游览的"接待—游览—休憩—再游览"的观光模式。

在人文体验方面，接待服务功能体现在对村落品质的提升上。完善接待服务功能，需要修缮村落基础设施，保护修复村落遗产和文化景观。如修复农家小院，恢复传统生活方式等，都属于对接待服务功能的培育。其既可以营造出具有吸引力的文化氛围，又能够增强游客在文化旅游过程中的舒适性和体验性。

第三节 传统村落文化旅游发展的问题与展望

一、当前传统村落文化旅游发展待解的几个问题

传统村落旅游资源的价值评价体系不完善。建立科学的旅游价值评价体系，是传统村落合理发展旅游的前提保障。然而尚未达成多方共识的评价标准，仅仅借鉴国家《旅游资源分类、调查与评价》，难以真正反映传统村落的文化价值和组合遗产的价值。因此，国家和行业协会需要重视该问题，应组织相关领域的专家学者，开展关于传统村落旅游资源的价值评价标准编制工作。

传统村落旅游发展的投资动力不足。传统村落的旅游开发需要在前期投入大量资金，来改善基础服务设施，宣传村落特色文化，对村民进行旅游服务培训和文化景观保护教育等。此外，传统村落的旅游开发涉及农村土地问题和遗产保护问题，其中涉及许多相关政策，投资风险高。所以许多投资商不愿意投资传统村落的文化旅游开发，而只靠政府的力量又难以带动村落的旅游发展。这就需要政府在投资方面给予政策补贴，通过立法保障投资商的利益。

传统村落文化景观旅游功能利用方式单一。国内传统村落的文化旅游发展尚处于粗放阶段，农家休闲是农家乐的饮食住宿，农业观光是采摘蔬果，文化教育是参观博物馆等。除了个别资源禀赋特别优异的村落，其他传统村落常常缺乏成为旅游目的地的吸引力。所以，政府应当开阔视野，结合村落特色寻求新的发展机遇，建立养老基地、探险基地等新产业基地，培育传统村落旅游发展新功能。

传统村落旅游规划的设计技术规范欠缺。旅游规划能够保障传统村落健康有序地发展，然而国内缺乏相关的行业技术标准，规划水平参差不齐，落后的规划反而会对传统村落的文化旅游发展造成负面影响。旅游规划设计的设计技术规范需要有国家的立法保障，需要由行业内的专家学者来共同协商完成。

二、传统村落文化旅游发展展望

当代传统村落要继续生存，必须面对功能上的转型，而文化旅游恰恰为一些村落的保护发展提供了重要途径。传统村落的旅游发展，给旅游者提供了空间场所，促进了村落的可持续发展，缩小了城乡差距，提高了村民的生活水平，

推动了多方共赢的局面形成。

为了更好地实现这一目标，各方面的主体需要积极参与，从而可以在旅游项目中受益，获得经济、社会、文化和环境效益的最大化。相关部门将传统村落文化景观的保护也必须落实到物质空间层面上，如此才能在保护过程中做到有的放矢，有据可依。

（一）做好分区保护

相关部门需要在传统格局完整、历史环境要素分布均匀、传统建筑集中、整体风貌协调的基础上划定保护范围，对村落坚持"整体保护，分区对待"的原则，同时考虑现实的可操作性，将传统村落分为核心保护范围、建设控制地带及环境协调区。在文化旅游开发中，政府要遵循核心保护范围内不得新建、扩建的原则，并保证建设控制地带及环境协调区的开发建设与传统村落的风貌相协调。在保护的基础上，政府还需要进行科学、有效的开发，最大限度地提升传统村落的文化旅游价值。

（二）加强农村人居环境改善力度

首先，改善村落环境卫生，完善村寨的排水系统，及时排出污水、废水。沿村内主要道路及村民住宅集中地设置垃圾桶，实现垃圾及时、定点收集，集中清运处理。其次，改善村民居住条件，在不改变房屋特色的情况下进行升级改造，营造温馨舒适的居住环境，对村落内空余房屋进行统一管理，有效地避免在旅游高峰期产生人员接待问题，这样还可以给当地居民带来一定的额外收入，营造和谐、统一的旅游氛围。

（三）采取措施活化村落建筑

根据现状建筑的评估与分类，相关部门应充分考虑村落的历史价值、建筑风貌、建筑质量，采用不同的保护或整治措施。

①保护：针对已公布为文物保护单位的建筑和已登记但尚未核定公布为文物保护单位的不可移动文物的建筑。

②保留：针对与村落传统风貌相协调、建筑风貌与质量较好的建筑。

③改善：针对与村落传统风貌相协调的建筑，不改变这类建筑的高度和外立面，按照原有特征、使用相同材料进行修复，严格按照其原始的风貌特征，保护具有历史文化价值的细部构件和装饰物，恢复传统建筑与院落的布局。

④改造：针对与传统风貌不协调或质量较差的建筑，改造其高度、体量、材质等，使之与传统建筑相协调。在装饰上不得过于繁复，减少其与整体风貌的冲突。

⑤拆除：针对风貌极差、质量极差的不协调建筑和临时搭建的违章建筑。

（四）完善道路设施的建设

道路的整治对传统村落的建设发展有着重要作用。其规划是否合理会直接对村落的发展产生影响。所以，相关部门在道路规划中要遵循以下几点原则。

①保护村落内原有的古街巷和石板道，延续原有的街巷空间尺度。

②维修道路的材料尽量使用相同或相似的原材料，以保证道路改造后的一致性，符合传统的审美需求。

③对道路周围环境进行绿化整治，营造宁静、清幽、舒适的旅游环境。

（五）培养专业的旅游文化人才

民族特色与传统文化是传统村落文化旅游业长久发展的深厚底蕴和永久灵魂，而要进一步让人们理解和领悟传统村落的民族文化和历史价值，就要重视并加强对旅游从业人员高层次文化讲解能力的培养，培养适合旅游产业和文化产业融合发展的复合型人才。通过专业建设让"文化之魂"附着在"旅游载体"上，这对传统村落文化旅游服务质量的提升有着极其重要的意义。

参考文献

[1] 时少华,裴小雨.传统村落活态保护利用与旅游融合发展研究[J].昆明理工大学学报(社会科学版),2020,20(5):103-108.

[2] 郑瑞.传统村落旅游文化如何实现创新发展[J].人民论坛,2020(15):76-77.

[3] 陈兴贵,王美.反思与展望:中国传统村落保护利用研究30年[J].湖北民族大学学报(哲学社会科学版),2020,38(2):114-125.

[4] 王迎洁.古村落文化旅游资源开发策略研究[J].乡村科技,2019(18):20-21.

[5] 吴宝艳,李庆雷.文化创意视角下传统村落旅游发展模式研究[J].曲靖师范学院学报,2018,37(5):72-77.

[6] 王延涛,郭艳春.浅析乡村振兴背景下农产品品牌战略[J].农业经济,2021(5):136-137.

[7] 赵绍雄.乡村振兴战略进展及未来发展前瞻[J].今日财富,2021(8):13-14.

[8] 马乂琳,潘明辉.新时代实施乡村振兴战略的路径思考[J].当代农村财经,2021(3):2-8.

[9] 陈金春.实施乡村振兴战略的关键点及路径[J].乡村科技,2021,12(5):8-9.

[10] 樊鑫鑫.乡村振兴战略的意义、内涵与实施路径[J].乡村科技,2021,12(4):6-7.

[11] 刘宏彤.新媒体助力乡村振兴战略实施的对策研究[J].山西农经,2021(2):59-60.

[12] 陈敏.乡村振兴战略与美丽乡村建设的相关探究[J].农村经济与科技,2021,32(2):167-168.

[13] 王震,向永胜,鲁安邦.乡村振兴战略下乡村文化产业创新研究[J].时代经贸,2021,18(1):71-74.

[14] 张学艳. 新时代背景下乡村振兴战略的实施路径 [J]. 乡村科技, 2021, 12（2）: 16-17.

[15] 王宝林. 实施乡村振兴战略需努力规避的几种倾向 [J]. 乡村科技, 2021, 12（2）: 18-19.

[16] 孙浩, 潘采夫. 乡村振兴视域下的乡村文化建设路径探究 [J]. 特区经济, 2020（12）: 100-102.

[17] 强可鉴. 乡村振兴战略下乡村文化产业创新途径分析 [J]. 质量与市场, 2020（23）: 125-127.

[18] 吕云涛. 乡村振兴战略的继承性、创新性与实现路径研究 [J]. 现代农业, 2020（11）: 4-6.

[19] 陈强. 基于乡村振兴战略视角下乡村旅游发展现状及创新模式分析 [J]. 山西农经, 2020（20）: 75-76.

[20] 窦亚权, 李娅, 张晓梅. 乡村振兴战略: 政策梳理、经验借鉴与实施理念 [J]. 沿海企业与科技, 2020（5）: 39-44.

[21] 夏云. 实施乡村振兴战略的意义、现实困境及路径 [J]. 兰州教育学院学报, 2020, 36（8）: 50-53.

[22] 刘玉军, 江晖, 丁凤强. 加快人才振兴促进乡村振兴战略实施的思考 [J]. 农民科技培训, 2020（9）: 37-39.

[23] 宋欣靓. 新时代我国乡村振兴战略实施中需规避的问题及对策 [J]. 乡村科技, 2020（21）: 44-45.

[24] 刘静. "乡村振兴" 规划浅探 [J]. 新农业, 2021（8）: 7.

[25] 鞠蕊. 新时代美丽乡村建设问题研究 [J]. 农村经济与科技, 2021, 32（5）: 256-257.

[26] 陈敏. 乡村振兴战略与美丽乡村建设的相关探究 [J]. 农村经济与科技, 2021, 32（2）: 167-168.

[27] 魏世友. 美丽乡村建设的生态现代化路径探析 [J]. 青海师范大学学报（社会科学版）, 2021, 43（1）: 84-88.

[28] 陈伦思. 乡村振兴背景下美丽乡村规划建设路径 [J]. 乡村科技, 2021, 12（1）: 35-36.

[29] 冯春雷. 美丽乡村建设规划策略 [J]. 乡村科技, 2020, 11（34）: 27-28.

[30] 许建和, 柳肃, 毛洲, 等. 中国传统村落的空间分布特征与保护系统方案 [J]. 湖南大学学报（社会科学版）, 2021, 35（2）: 152-160.

[31] 段尚，谢杰，王环，等.中国传统村落规划思想与启示[J].中国农业资源与区划，2021，42（1）：203-209.

[32] 王曼.中国传统村落保护的困境与出路[J].居舍，2018（36）：154.

[33] 陈定顺.深化农村改革推进乡村振兴[J].农业科技与信息，2021（5）：12-14.

[34] 高鸣.深化农村改革实现乡村全面振兴[J].农村经营管理，2020(10)：1.

[35] 鲁明月.乡村振兴视角下乡村产业振兴路径探索[J].山西农经，2021（9）：37-38.

[36] 祝一.从"三治融合"到"一核多元"：D市农村治理主体多元化协同机制研究[J].农村经济与科技，2021，32（7）：224-226.

[37] 远方.全视角解读乡村振兴战略[J].党员之友，2021（5）：64.

[38] 管理.文化景观保护视角下传统村落旅游功能发展研究[D].北京：中国城市规划设计研究院，2015.

[39] 王上.文化传承视角下的传统村落保护与活化研究[D].青岛：青岛理工大学，2020.

[40] 刘磊.中原地区传统村落历史演变研究[D].南京：南京林业大学，2016.